Liebesgunst

Für meinen Mann

»Ich lebte für die Kunst,
lebte für die Liebe.«
Giacomo Puccini: Tosca, 2. Akt

Susanne Dieterich

Liebesgunst

Mätressen in Württemberg

DRW-Verlag

ISBN 3-87181-380-X

Umschlag: Berthold Gauder
Gestaltung: Peter Stecher
Gesamtherstellung: Druckerei Karl Weinbrenner & Söhne GmbH & Co.
Verwendete Schriften: Mona Lisa und Joanna
Papier: 135 g Claudia matt TCF

Titelbild: *Die Schaukel* (um 1767), Gemälde von Jean-Honoré Fragonard
Foto: AKG Berlin

Bestellnummer: 380

Inhalt

Vorwort

Geliebt und gehaßt, beneidet und verfemt – wie zwiespältig auch immer die Gefühle gegenüber den Mätressen der Herrscher an Europas Höfen waren, der Aufmerksamkeit ihrer Umgebung konnten sie sich sicher sein. Um das Phänomen Mätresse und herausragende Frauengestalten in der Rolle der »Maîtresse en titre« an Württembergs Höfen des 17. und 18. Jahrhunderts geht es in vorliegendem Buch.

Der Annäherung an das Thema über Urteile und Vorurteile folgt ein Gang durch die Geschichte. Rollenbild und Stellung der »Geliebten auf Zeit«, ihr Einfluß in Kunst und Politik werden im Spiegel berühmter Beispiele beleuchtet. Zarin Katharina II. von Rußland schließlich steht als prominentes Beispiel für die Umkehrung der Geschlechterrollen.

Was waren das für Frauen, wer waren »die Mätressen«? Der zweite Teil des Buches lenkt den Blick auf Württemberg und erzählt die spannungsreiche Geschichte zweier Frauen, die unterschiedlicher kaum sein könnten: Wilhelmine von Grävenitz, die »Landesverderberin« – Geliebte von Herzog Eberhard Ludwig, und Franziska von Hohenheim, die »tugendhafte« Mätresse und spätere Ehefrau von Herzog Carl Eugen.

Keineswegs erhebt das Buch den Anspruch, eine akribisch genaue Aufarbeitung aller erdenklichen Aspekte zum Thema Mätressen in Württemberg leisten zu können noch zu wollen. Auch eine ausführliche Biographie der erwähnten Hauptfiguren ist nicht beabsichtigt.

Vielmehr soll das Phänomen der Mätresse aus einem Blickwinkel betrachtet werden, der nicht nur in der württembergischen Landesgeschichte längst hätte eingefordert werden müssen: aus der Sicht der Frauen. Aus dem Versuch, den Standpunkt der Mätressen einzunehmen, ergibt sich automatisch ein anderes Verständnis, das gängige Urteile und Meinungen in einigen Punkten relativiert.

Noch immer schwingt bei Erwähnung der Mätressen entweder ein leicht verächtlicher Unterton mit oder eine vermeintliche Nonchalance, die Verlegenheit und Unsicherheit gegenüber dem Thema Mätresse so schlecht verbergend, daß man das moralisierende Urteil unschwer heraushört. Gleichzeitig übt das Thema bis heute eine außerordentliche Faszination aus, stößt auf jene sensationslüsterne Neugier, von der die Regenbogenpresse nicht nur hierzulande profitiert.

Der historische Abstand zu den Mätressen des 17. und 18. Jahrhunderts kann denn so groß gar nicht sein, und ein Buch über »Liebesgunst und Liebesneid« müßte sich durchaus nicht auf diesen Zeitraum beschränken. Im Gegenteil, das Phänomen Mätresse taucht in allen nur denkbaren Facetten auf, freilich unter anderen gesellschaftlichen und sozialen Bedingungen und anderen Namen. Doch hier schweigt der Sängerin Höflichkeit.

Zur Einführung

Mätressen, Kurtisanen, Konkubinen – welch begehrenswerte, verbotene und geheimnisvolle Bilder verbinden sich mit diesen Begriffen! Zahlreich waren sie an allen Fürstenhöfen der Welt vertreten – und nicht nur an Fürstenhöfen! Zu manchen Zeiten mehr, zu manchen weniger, zu gewissen Zeiten – in Europa vor allem im Zeitalter des Rokoko – offen vorgezeigt und geduldet, ja anerkannt, zu anderen Zeiten versteckt, verheimlicht. Geliebt, gehaßt – auf jeden Fall immer benutzt. Heute strahlend mächtig, morgen gedemütigt, verstoßen.

Die meisten unbekannt und namenlos, viele berühmtberüchtigt, einige weltbekannt. Madame Pompadour und die Maintenon gehören zu jenen, die, wenn sie auch nicht gerade Weltgeschichte schrieben, so doch die Geschichte ihres Landes beeinflußten und das Schicksal der Menschen in ihrer Umgebung maßgeblich bestimmten, im Guten wie im Bösen, mit Auswirkungen im rein persönlich-privaten, oft aber auch weit darüber hinausreichend im öffentlich-politischen Bereich.

Ganze Sparten der Literatur- und Musikszene Europas lassen sich mit ihren Namen und Herz wie Verstand bewegenden Lebensgeschichten füllen, ja, sie rühren noch heute Theatergänger und Opernbesucher, Ballettfans und Romanleser: jene Kameliendamen, Lou-Lous, die Traviatas, Nanas, Gruschenkas.

Schön, erotisch, jung, raffiniert, machtlüstern, verrucht, raffgierig, das sind die Attribute, mit denen man Mätressen durch die Jahrhunderte hindurch belegt hat. Verspielte Luxuswesen, der Muße frönend, tauglich zum Amusement wohlhabender Herren. Verführerisch-schöne Körper, wie gemacht, um Männern den Verstand und ganzen Familien, ja Ländern Gut und Geld zu rauben. Weiber, wie geschickt, um die mühsam errungene stille Wohlgeordnetheit und Selbstzufriedenheit zu stören. Teuflisch-raffinierte Wesen, fähig, ganze Regierungen zu stürzen, Monarchien zu destabilisieren und angesehene Fürstenhäuser zu korrumpieren.

Waren sie wirklich so schlecht wie ihr Ruf, diese zweifellos ungewöhnlichen Frauen, von denen wir heute nur wenige noch mit Namen kennen und über die wenige und immer sehr einseitige Zeugnisse und Urteile überliefert sind? War ihr Einfluß auf den Herrscher und die Geschicke des Landes tatsächlich so groß, wie ihre Kritiker glauben machen wollen, und wenn ja, war dieser Einfluß immer schlecht? Waren sie wirklich von solch verwerflich schlechter Moral und liederlichem Lebenswandel, wie ihre sogenannten »anständigen« Geschlechtsgenossinnen behaupteten?

Oder sahen diese Geschlechtsgenossinnen in den Mätressen eine personifizierte Kritik ihrer selbst, die mit den Worten der japanischen Hofdame und Verfasserin des berühmten »Kopfkissenbuches«, Sei Shonagon, so lauten könnte: »Frauen, die ein redliches Leben führen, mit dem ehelichen Scheinglück zufrieden sind und auch von der Zukunft keine besonderen Freuden zu erwarten scheinen, finde ich uninteressant und schätze sie gering.«

Lag das »Vergehen« der Mätressen also vielmehr darin, brave und bequeme, nicht gerade allzu einfallsreiche Ehefrauen in ihrer Selbstgenügsamkeit in Frage zu stellen? Sich nicht mit der ihnen von den gesellschaftlichen Konventionen aufgezwungenen Rolle einer eng in ihre Grenzen verwiesenen Frau abfinden zu wollen? Politisch oder kulturell mitgestalten zu wollen, auch ohne in den dazu notwendigen dynastisch-hierarchischen Rang hineingeboren worden zu sein? Oder gar wie ein Mann bei entsprechender Begabung Aufstiegsmöglichkeiten ergreifen und eine selbstgewählte oder als Chance erkannte berufliche Aufgabe erfüllen zu wollen? Eine zwar ungewöhnliche, jedoch erfolgversprechende Form der Emanzipation finden zu wollen? Verübelte man ihnen etwa am meisten, daß sie souverän und selbstbewußt ihren schönen Körper wie ihren klugen Kopf einsetzten?

Und waren Mätressen wirklich allein für die Mißstände im Land verantwortlich, lassen sich leere Staatskassen und Armut der Bevölkerung mit angeblicher Raffgier und finanzieller Unersättlichkeit einzelner Frauen begründen? Haben viele Mätressen nicht auch bleibend Schönes bewirkt, in Kunst und Architektur, Musik, Theater und Literatur? Schlösser gebaut, Kriege verhindert, fürstliche Willkürherrschaft gezügelt und launische Männer gemäßigt?

Ein Blick auf die Verhältnisse in Württemberg, wo sich bis heute das Phänomen Mätresse in den beiden Extremen der »tugendsamen« Mätresse Franziska von Hohenheim und der »Landesverderberin« Wilhelmine von Grävenitz polarisiert, macht die ganze Vielschichtigkeit und Differenziertheit dieser besonderen Lebensform einer Frauenexistenz im Europa des 18. Jahrhunderts bewußt.

Vorgängerinnen – Vorkämpferinnen

Die Venusdienerinnen der Antike

Das heute vorherrschende Bild einer Mätresse ist ein recht einseitiges. Dabei weisen allein schon die zahlreichen Begriffe, die für dieses Phänomen über Jahrhunderte hinweg gebildet wurden, auf die außerordentliche Vielfalt der Erscheinungsformen hin: Konkubine, Kurtisane, Hetäre, Dirne, Hure, Sklavin, Odaliske, Hübschlerin und viele andere mehr. Ein historischer Streifzug ermöglicht Einblicke in eine erstaunlich vielschichtige, fein nuancierte Gesellschaft von Frauen, die meist weit mehr als einen schönen Körper zu bieten hatten. Frauen, die darüber hinaus durch ihre Klugheit und hohe Bildung, ihr musisches Talent und ihre künstlerischen Darbietungen das kulturelle Leben ihrer Zeit mitgestalteten, ja zum Teil prägten.

Seit der griechische Staatsmann und Gesetzgeber Solon das Dirnenwesen in Athen straff durchorganisiert, vor allem legalisiert hatte und in der Folge ein fein differenziertes System von öffentlichen Liebesdiensten entstanden war, konnte man grob drei Gruppen von Frauen unterscheiden, die sich als Venusdienerinnen verstanden und als solche offiziell anerkannt waren: Dikteriaden, Auletriden und Hetären.

»Solon hat Weiber gekauft und sie an Orten angesiedelt, wo für alles, was sie brauchten, gesorgt wurde. Die Weiber mußten allen, die danach verlangten, zu Willen sein«, heißt es in einem zeitgenössischen Text. Dikteriaden hießen die »Weiber« in diesen quasi staatlicherseits eingerichteten Bordellen, die auch dazu dienen sollten, die allgemein verbreitete Knabenliebe zu verdrängen. Die Dikteriaden waren rein äußerlich durch ihre Kleidung erkennbar. Für ihre Dienste war ein staatlich festgelegter, niedriger Preis zu entrichten, meist wurden sie von der ärmeren Bevölkerungsschicht aufgesucht. Sie wurden überwiegend auf Sklavenmärkten »rekrutiert« und konnten sich nur in seltenen Fällen aus ihrem unfreien Dirnendasein befreien, loskaufen oder mit viel Glück zu entsprechender Ausbildung gelangen, die es ihnen ermöglichte, sich zur freien Hetäre hochzuarbeiten.

Für die schönen Künste

Die Auletriden waren nicht nur eine übliche, ja obligatorische Begleiterscheinung bei Festen, sondern brachten diese durch ihre Auftritte erst so recht auf den Höhepunkt, steigerten über Stunden hinweg die Festesfreude der ausgelassen-heiteren Gäste und lösten endlich deren Spannung, ohne das Fest ausarten zu lassen. Sie waren virtuose Flötenspielerinnen und Tänzerinnen; verschiedenste Kunststücke wußten sie ihrem Publikum zu bieten: sie jonglierten zwischen brennenden Fackeln oder blanken Degen, balancierten auf einem Seil und schluckten Feuer. Mit welcher Raffinesse sie dabei die Reize ihres Körpers durch Kleidung, hauchdünne, fast durchsichtige Stoffe und Gewänder hervorhoben, ahnen ließen oder versteckten, blieb ihnen überlassen. Körperliche Liebe war im Auftritt einer Auletride nicht unbedingt inbegriffen.

In aller Regel hatten die Auletriden eine ausgesprochen gute Ausbildung genossen, verfügten in hohem Grad über Körperbeherrschung und tänzerische Durchbildung – ein Kapital, mit dem sie es nicht selten zu hohem Ansehen, gar Reichtum bringen konnten.

Eine gewisse Lamia, die zur Zeit des Themistokles lebte, wurde so reich, daß sie aus eigenen Mitteln die zerstörte Gemäldegalerie der einst berühmten Malerstadt Zikyon auf der Peloponnes wieder instand setzen lassen konnte; ein früher Beleg für das in der Geschichte so häufige Engagement dieser Frauen – Mätressen, Konkubinen, Kurtisanen – als Mäzene für die Kunst.

Eine andere Virtuosin, ebenfalls mit dem Namen Lamia und ebenfalls Athenerin, erlangte noch größere Berühmtheit. Sie begann ihre Karriere in Ägypten und wurde die Geliebte des makedonischen Königs Demetrios Poliorketes (336 – 283 v. Chr.), dem sie in einer Seeschlacht im Jahr 306 v. Chr. bei der Eroberung Zyperns als Beute zugefallen war. Die nicht mehr allzu junge Lamia verfügte wohl nicht nur in der Liebe und der Musik über hervorragende Fähigkeiten. Dank ihrer Intelligenz und Bildung, von der ihre Briefe zeugen, hatte sie in einem solch hohen Maß Einfluß auf den Makedonenkönig, daß sie über viele Jahre hinweg nicht nur von keiner ihrer jüngeren Nebenbuhlerinnen entthront werden konnte, sondern auch das politische Handeln des Königs mitbestimmte.

Die Athener, deren Feind und Eroberer Demetrios Poliorketes war, zerrissen sich in mündlicher wie schriftlicher Rede die Mäuler über das Verhältnis des liebestrunkenen makedonischen

Königs zu seiner Flötenspielerin, was sie teuer zu stehen kommen sollte. Wohl aus Rache legte Demetrios den Athenern nach der Eroberung der Stadt eine Kontribution von 250 Talenten Silber auf und machte diese ungeheure Summe seiner Geliebten zum Geschenk.

Daß sie von den Athenern nach ihrem Tod als eine der ihren vereinnahmt wurde, die den Feind und Eroberer beherrscht hatte, daß allerlei Legenden um sie gebildet wurden und man ihr gar einen Aphroditetempel weihte, ist sicherlich als besondere Wende im Schicksal der Flötenspielerin zu bezeichnen: eine der großen Liebenden der Weltgeschichte, die es zu königlicher, ja »göttlicher« Ehre gebracht hat.

Aspasia von Milet

Weit mehr als käufliche Tisch- und Bettgenossin war für wohlhabende Bürger in den antiken Stadtrepubliken von Athen bis Venedig, von Alexandria bis Genua die Hetäre. Sie war gebildet und selbstbewußt, zeigte sich im Unterschied zu den meisten Ehefrauen öffentlich und nahm, ebenfalls im Unterschied zu den Ehefrauen, sichtbar am Leben teil.

»Hetären hält man sich nur zum Vergnügen, Dirnen aber zur täglichen Pflege und Bedienung der Person. Ehrbare Frauen heiratet man dagegen, um ebenbürtige Kinder zu zeugen und um im Hause eine treue Wächterin zu besitzen«; so der berühmte griechische Redner Demosthenes zur Stellung der Frau in der griechischen Antike.

Zwischen Dirnen, den Dikteriaden, und Hetären bestand ein wesentlicher Unterschied, obgleich es sich bei beiden um bezahlte, käufliche Liebe handelte. Auch bei der Arbeit der Hetäre drehte es sich um Prostitution. Die Dikteriade war Sklavin, die Hetäre jedoch zeichnete sich im Unterschied zum gewöhnlichen Straßenmädchen durch Geist und Bildung aus und hatte meist von erfahrenen älteren Berufsgenossinnen eine umfassende Ausbildung erhalten. Das Bildungsnetz, das die Hetären unterhielten, ist weniger mit einer Dirnenschule als richtiger mit einer »Hetärenakademie« zu vergleichen. Als »Zauberinnen« wurden sie bezeichnet, »welche viel Unheil in den griechischen Sitten anrichteten und viel Gutes für Literatur und Kunst taten«, so der Historiker Pierre Dufour.

Berühmte Hetären haben die Geschichte überdauert, so die scharfsinnige Freundin und Gefährtin des Perikles, die Hetäre Aspasia aus der griechischen Stadt Milet in Kleinasien. Perikles ließ sich ihretwegen scheiden und machte sie zu seiner zweiten Ehefrau. Er fand in ihr eine kluge Ratgeberin, die allerdings ob ihres politischen Ehrgeizes und ihrer meisterhaften Fähigkeit, Intrigen zu weben, nicht ungefährlich war. Platon huldigte ihr, Sokrates suchte ihre Gesellschaft. Sie unterhielt eine Art Hof oder Salon und gewann mehr und mehr politischen und wirtschaftlichen Einfluß, ja sie versuchte mit Erfolg, auf dem Umweg über die ihr zugetanen mächtigen Männer die Geschicke der Stadt und des Staates zu lenken.

Aspasia, die Kriege vorbereitet und nach dem Tod des Perikles dessen Nachfolger aufgebaut hatte, bildete auch junge Gefährtinnen als ihre Schülerinnen aus. Sie lernten von ihr so viel, daß man die Namen dieser Schülerinnen nur mit Ehrfurcht nannte. Eine Schülerin von Aspasia war Phryne, die Geliebte des Bildhauers Praxiteles. Daran, daß Praxiteles in seinen Skulpturen als erster die Schönheit des nackten Frauenkörpers entsprechend der der klassischen männlichen Gestalt zeigte, hatte Phryne zweifellos Anteil.

Beide Frauen hatten nach dem Tod oder Einflußverlust ihrer mächtigen Beschützer mit Prozessen zu kämpfen. Bezeichnenderweise wurden ihnen Vergehen zur Last gelegt, bei denen weder Schuld noch Unschuld zu beweisen war: Mit dem schwerwiegenden Vorwurf der Asebie, der Gottlosigkeit, war eine Kränkung der Gottheit bei den Mysterienhandlungen während des religiösen Rituals gemeint. Aspasia und Phryne mußten sich vor Gericht verantworten und entgingen mit Hilfe geschickter Verteidiger nur knapp dem Todesurteil.

Zu allen Zeiten gab es Frauen im Rang einer Mätresse oder Hetäre, welche ihren Geliebten oder gar ganzen Völkern Leid und Verderben brachten, zu Kriegen hetzten und Morde anstifteten. Die schöne junge Athenerin Thais, spätere Geliebte und erste Ehefrau des Königs Ptolemaios, die im Gefolge Alexanders des Großen während dessen siegreichem Feldzug gegen Persien mitzog, soll Alexander dazu angestachelt haben, den herrlichen Palast des persischen Königs Xerxes in Brand zu stecken und in Schutt und Asche zu legen.

Doch überwog die Zahl der Frauen, die ihren Einfluß auf mächtige Männer dazu nutzten, Frieden zu stiften und Gutes zu tun; sei es im sozialen Bereich oder in der Kunst, im Bereich der Musik, Literatur oder Architektur. Eine derartige Beziehung bedeutete einen besonderen Glücksfall, und dies allein rechtfertigt auch heute den neugierigen Blick in das Privatleben zweier Menschen. Sei es der historische Blick bis zurück in die Antike, sei es der zeitgenössische Blick auf Menschen heutzutage, die politisches, gesellschaftliches, kulturelles Leben in besonders hervorragendem Maße gestalten oder bestimmen.

Römische Kurtisanen der Renaissance

Man könnte die griechischen Hetären durchaus als die wahren Emanzipierten der damaligen Gesellschaft bezeichnen. Emanzipierte Frauen, wie sie im Rom der Renaissance die oft mächtigen und gefürchteten Kurtisanen verkörperten. Auch sie konnten lesen und schreiben, sie dichteten und sangen, bestrickten Fürsten und Kardinäle, und die berühmtesten Künstler ihrer Zeit setzten ihnen in Gemälden und Skulpturen ein Denkmal, das die Zeiten überdauert hat.

Ihre Verstrickungen im Kirchenstaat, ihre engen Verbindungen zur hohen Geistlichkeit, Beziehungen zu Kardinälen, ja zum Papst selbst, wurden zum Sinnbild des sittlichen und moralischen Verfalls der katholischen Kirche und trugen nicht wenig zur Entstehung des Widerstands in breiten Bevölkerungsschichten wie im Klerus selbst bei. Die Schilderungen des Treibens am Hofe der Renaissance-Päpste um die einflußreiche, skandalumwitterte Familie der Borgia, um die Papsttochter Lucrezia oder allein die Aufzählung der zahlreichen Kurtisanen von Geistlichen würden Bände füllen. Neben dem hemmungslosen

Macht- und Genußstreben am päpstlichen Hof werden jedoch auch unbestritten Lichtseiten jener Epoche sichtbar: Zu kaum einer anderen Zeit sind im Umkreis der Päpste und anderer kirchlicher Würdenträger mehr Kunstwerke entstanden als in jener Zeit. Haben doch Kardinäle und Päpste eine einzigartige Funktion als Kunstmäzene ausgeübt, deren Segnungen für Kunst und Kultur bis in unsere Gegenwart hineinreichen.

Die Ferrarese Imperia Cognata

Als eine der berühmtesten Kurtisanen der Renaissance gilt bis heute die von Dichtern ihrer Zeit wie der Nachwelt (so zum Beispiel von Balzac) besungene Imperia Cognata, eine großzügig liebende, ungewöhnliche Frau aus Ferrara, die schon bald nach ihrer Ankunft in Rom die Geliebte des reichen Bankiers Angelo del Bufalo wurde, der sie aufs prächtigste ausstattete und ihr eine luxuriöse Wohnung einrichtete, mit einem Komfort, der selbst weitgereiste Diplomaten in Staunen versetzte.

Es fanden sich zahlreiche vermögende Freier ein, die auch dem intellektuellen Niveau der schönen Imperia genügten und die sie nicht zuletzt zur Vervollkommnung ihrer eigenen Bildung nutzte. Willig nahm sie bei jedem ihrer Liebhaber, der irgendeine Kunst ausübte oder etwa in Politik und Wissenschaft bewandert war, Unterricht und wurde so eine begehrenswerte, hochgebildete Frau, die, was die Liebeskünste, das Harfenspiel oder Verfassen von Gedichten anbelangte, höchste Ansprüche befriedigte. Über ihrem Haus ließ sie eine Inschrift anbringen, die jeden Eintretenden aufforderte, Witz und gute Laune mitzubringen und beim Gehen ein Geschenk zu hinterlassen. Bei ihrem frühen Tod – sie starb bereits mit 31 Jahren – schickte der große Renaissance-Papst Julius II., der Papst Michelangelos, seinen apostolischen Segen ans Sterbebett der Kurtisane.

Vom durchaus berechtigten Selbstbewußtsein einer Kurtisane, aber auch von deren Witz und Kultiviertheit mag eine Begebenheit zeugen, die sich auf der mit käuflichen Damen besonders dicht bevölkerten Strada del Popolo in Rom abgespielt haben soll.

Die schöne Ferrarese Giulia, später Mutter der berühmten, 1505 geborenen Kurtisane Tulja, gezeugt von einem der berühmtesten Kardinäle der Zeit, Lodovico d'Aragona, der das Kind sogar legitimieren und ihm eine gute Erziehung angedeihen ließ, diese Ferrarese Giulia hatte auf der erwähnten Straße eine Auseinandersetzung mit einer Gentildonna, einer »anständigen« Frau, die Giulia, kenntlich als Kurtisane durch die vorgeschriebenen Dirnenbänder ihrer Kleidung, versehentlich angestoßen hatte. Die »anständige« Frau ließ darauf eine Flut von wüsten Beschimpfungen und derben Ausdrücken auf die Kurtisane niederprasseln. Giulia aber lächelte nur fein und sagte höflich und in geschliffener Hochsprache: »Verzeiht, meine Liebe, wie ich sehe, habt Ihr tatsächlich mehr Recht auf dieses Pflaster als ich.«

Die Dirnen Roms hatten einst die Strada del Popolo auf eigene Kosten mit festem Pflaster belegen lassen, um beim Auf- und Abgehen auf Freiersuche nicht im Schlamm waten zu müssen – soviel zum Hintergrund der Geschichte.

Man darf mit Fug und Recht behaupten, daß die gebildeten Kurtisanen der Renaissance ähnlich ihren Kolleginnen aus der Antike, den Auletriden und Hetären, für die Emanzipation ihrer Geschlechtsgenossinnen Unschätzbares bewirkten. Sie waren es, die sich selbständig aus dem begrenzten häuslichen Umfeld in das öffentliche Leben hinauswagten, die außer ihrem Körper ihren Verstand, ihre Intelligenz und ihre künstlerischen Gaben einbrachten und damit in breiten Kreisen nicht nur Anerkennung einforderten und erhielten, sondern ihre Dazugehörigkeit, ihr Mitreden und Mitgestalten als Frauen im öffentlichen Leben, in Wirtschaft, Kultur und Politik allmählich vorstellbar werden ließen.

Haremsdamen und Odalisken

Blickt man in die Welt der Frauen des islamischen Kulturkreises, eine Welt hinter Schleiern, so findet man in aller Vielfalt der Lebensformen Frauen in den Herrscherharems, also den Sultans- und Kalifenpalästen, aber auch in weniger »seriösen« Harems.

Grundsätzlich wiesen die Harems alle eine vergleichbare Struktur oder Organisation auf. Die meisten Haremsbewohnerinnen waren Sklavinnen, die den Herrscher und seine Familie in den alltäglichen Bedürfnissen bedienten und für Zerstreuung sorgten. Der Herrscher unterhielt – außer zu seinen legalen Ehefrauen – zu einem Teil dieser persönlichen Sklavinnen sexuelle Kontakte.

Die mächtigste und einflußreichste Frau im Harem war die Mutter des Herrschers. Eunuchen kontrollierten den Zugang zu den Frauengemächern. In dem streng hierarchisch geordneten Mikrokosmos Harem bedeutete die Sexualität, der Verkehr mit dem Herrscher als einzigem Mann, nur einen Aspekt unter vielen. So machte die Politik keineswegs vor den Haremstüren halt. Im Gegenteil, die ersten Damen des Harems waren oftmals tief in politische Machtkämpfe verwickelt.

Fast alle Frauen, vom Küchenpersonal bis zu den Konkubinen, waren in der Regel auf dem Sklavenmarkt gekauft und zunächst als Dienerinnen und völlig rechtlose Frauen in den Haushalt gebracht worden. Ihren Sklavinnenstatus behielten sie auch dann, wenn sie innerhalb des Harems aufstiegen, etwa weil sie gut musizieren und tanzen konnten und dadurch ins Blickfeld des Sultans geraten waren. Als sogenannte Odalisken hatten sie Anrecht auf ein eigenes Zimmer (oda = Zimmer) und besondere finanzielle Zuwendungen. In des Harems der Sultane, Paschas und Wesire stand allerdings nur Mädchen mit heller Hautfarbe ein derartiger Aufstieg offen. Schwarze Sklavinnen hatten niedrige Dienste zu verrichten, weiße Sklavinnen hingegen galten als Luxusartikel, hellhäutige Kaukasierinnen – Tscherkessinnen, Georgierinnen, aber auch Russinnen – als besonders schön. Für viele Mädchen aus dem Volk war die Aufnahme in einen Harem sehr erstrebenswert, versprach sie doch ein Leben in Muße und Luxus verglichen mit der oft traurigen und arbeitsreichen Realität eines einfachen Mädchens. Viele Familien ermutigten ihre Töchter daher regelrecht, diesen Weg einzuschlagen.

Ehe die Mädchen – sie waren zwischen sechs und 13 Jahren alt – in den Harem eines Serails aufgenommen wurden, mußten sie eine Musterung durch erfahrene Eunuchen, die sie auf körperliche Makel oder Unvollkommenheiten untersuchten, und durch die Sultaninmutter bestehen.

Alle Odalisken hatten zum Islam überzutreten; häufig waren sie als Geschenke von Königen, Prinzen oder Statthaltern anderer Länder an den Hof des Sultans gekommen, entstammten fremden Kulturkreisen und Religionen. Sie mußten ein anstrengendes Studium der Palastetikette sowie der islamischen Kultur absolvieren.

Weit mehr als zur Unterhaltung des einen Mannes dienten die Odalisken zur Unterhaltung der ranghöheren Frauen. Die ersten Damen der osmanischen Gesellschaft besaßen regelrecht ihre eigenen »Reiche« im Harem, in denen die Odalisken als Gesellschafterinnen und Hofdamen fungierten, die mit Spiel und Tanz, Musik und Literatur der Herrin die Zeit vertrieben.

Fiel eine Odaliske durch besondere Klugheit und Talente auf, so konnte sie es zu Anerkennung und einem Leben voller Privilegien und Annehmlichkeiten bringen. Eine ungewöhnlich schöne und begabte Odaliske wurde zur Konkubine ausgebildet, lernte tanzen, schreiben und lesen, das Rezitieren von Gedichten, das Spielen von Musikinstrumenten, aber auch Kenntnisse und Fertigkeiten im erotischen Bereich. Manche wurde mit einem Sohn des Hauses verheiratet, manche an den Harem einer befreundeten Familie verschenkt. Viele Haremsfrauen suchten ihr Schicksal dichterisch umzusetzen. Zweifellos gaben die Dichterinnen unter ihnen dieses Talent an ihre

Söhne weiter. Auffallend jedenfalls ist, daß von den 34 osmanischen Sultanen elf berühmte Dichter waren.

Gefiel dem Sultan eine Odaliske, behielt er sie für sich oder machte sie verdienten Untertanen, etwa einem seiner Paschas, zum Geschenk. Der so Beschenkte mußte dem Mädchen die Freiheit geben oder sie zu seiner Frau machen. Mädchen, die einmal den Harem des Sultans geschmückt hatten und die Hofetikette beherrschten, waren von besonderem Reiz, sicherlich auch wegen ihrer engen und im Zweifelsfall außerordentlich nützlichen Beziehungen zum Serail.

Daß solch kluge Frauen, ebenso wie ihre Kolleginnen an den Höfen Europas, für Geheimdienste und Spionagetätigkeit prädestiniert waren, liegt auf der Hand. Eine Odaliske konnte die höchsten Posten im kaiserlichen Harem einnehmen. War sie die Favoritin des Sultans und gebar ihm ein Kind, so erfuhr sie eine beachtliche Rangerhöhung, Vorteile aller Art und große Annehmlichkeiten im Alltagsleben. Gebar sie einen Knaben, konnte dieser später Sultan werden und sie als seine Mutter die Herrscherin des Harems, als Sultaninmutter die mächtigste Frau im Reich.

Eine orientalische Konkubine, die ihrem Herrn ein Kind gebar, erlangte automatisch die Freiheit. Die Kinder aus solchen Verbindungen waren rechtlich den Nachfahren aus einer standesgemäßen Verbindung gleichgestellt. Im Hinblick auf die Thronfolgeregelung ergibt sich somit ein gravierender Unterschied zu den Herrscherhäusern des Okzidents: Niemals hätte der Sohn der Favoritin eines Fürsten die Nachfolge seines Vaters als Herrscher antreten können.

Roxelana Hürrem, »die Lachende«. Sie brachte es von der Haremssklavin zur Ehefrau von Sultan Süleiman dem Prächtigen.

Odaliske und Sklavin, Gemälde von A. D. Ingres. Der Harem schien dem Abendland im 19. Jahrhundert (und bis heute) die Verkörperung lasziver Sinnlichkeit schlechthin.

Dies allerdings geschah auch im Orient selten, in den meisten Fällen bestand die erfolgreiche Karriere einer Odaliske darin, daß sie etwa zur ersten Kammerfrau im Harem aufstieg, zur Hüterin des Bades, Hüterin des Schmucks, Koranleserin, Lagerverwalterin, Herrin des Servierpersonals oder Hüterin der Getränke. In der Regel erreichte eine Odaliske, die als Favoritin des Sultans anerkannt war, eine solche Position in reiferen Jahren, wenn ihre körperlichen Reize vielleicht schon abgenommen hatten und man ihr so eine Altersversorgung, verbunden mit einer gewissen Machtstellung und großem Ansehen im Harem, zubilligte.

Roxelana und Süleiman

Das berühmteste Beispiel einer zur Sultanin aufgestiegenen Odaliske dürfte Roxelana (1520 – 1566) sein, Geliebte und Favoritin des Sultans Süleiman I. Wahrscheinlich war Roxelana eine russische Sklavin aus der Ukraine, die Süleimans Freund, der Großwesir Ibrahim, auf dem Sklavenmarkt gekauft hatte. Sie muß eine außergewöhnlich geschickte Strategin gewesen sein, denn es gelang ihr, die Mutter des eigentlichen Thronerben Mustafa, des erstgeborenen Sohnes Süleimans, und damit dessen Mutter, ihre Rivalin, die Sultanin Gülbahar, auszuschalten. Mehr noch: Roxelana veranlaßte Süleiman nicht nur dazu, die schönsten Sklavinnen im Harem mit seinen Paschas zu verheiraten, sondern sie erreichte auch, daß er sie, die Odaliske Roxelana, aus dem Sklavinnenstatus entließ. Als freie Frau verweigerte sie ihm solange ihre Gunst, bis er sie zu seiner rechtmäßigen Ehefrau machte.

Es heißt, die schöne Roxelana habe den Sultan 32 Jahre lang beherrscht. Die Leidenschaft, die er für diese ebenso charmante wie selbstbewußte Frau empfunden hat, war in verschiedenster Hinsicht fruchtbar. Süleiman war ein Dichter, und auch Roxelana liebte die Sprache der Poesie. Beide umwarben einander mit Versen. In Roxelana hatte Süleiman eine ihm ebenbürtige Gefährtin gefunden, die ihn als Mann glücklich machte, ihn aber auch in Angelegenheiten des Staates kompetent beriet. Hürrem, die Lachende, nannte er sie wegen ihres kristallhellen Lachens und ihrer unbefangenen Natürlichkeit. Von ihrer beider Liebe zur Kunst zeugt noch heute die beeindruckende Moschee Süleimans des Prächtigen in Istanbul.

Roxelanas Intrigen und Mordkomplotte zugunsten ihrer eigenen Machterhaltung und der ihrer Söhne, die Süleiman gar dazu trieben, seinen Erstgeborenen Mustafa, den Sohn seiner einstigen ersten Frau, zu töten, scheinen gleichzeitig alle Vorurteile über die Bosheit und Machtgier von Konkubinen oder Favoritinnen zu bestätigen. Doch Roxelana wußte, was andernfalls bei Süleimans Tod mit ihr und ihren Söhnen geschehen wäre: Mustafa hätte nach seiner Thronbesteigung alle Halbbrüder, die im Falle seines Todes noch vor seinen Kindern erbberechtigt gewesen wären, töten lassen und Roxelana in den Eski Sarayi verbannt, eine Art Altenteil für die Sultansfrauen, deren Söhne den brutalen Kampf um die Thronfolge verloren hatten.

Also brachte Roxelana ihren geliebten Süleiman zunächst dazu, seinen Freund und Berater, den Großwesir Ibrahim

Pascha, hinrichten zu lassen. – Eine Tat, die selbst den Zeitgenossen unbegreiflich war. Roxelana aber wußte nur zu gut, warum sie den Tod des fähigen Staatsmannes verlangt hatte. Ibrahim Pascha stand als mächtiger Befürworter auf seiten Mustafas; sein großer Einfluß auf den Sultan machte ihn somit zum gefährlichen Gegner. Wollte sie nach dem Tod des Sultans Herrscherin bleiben, mußte Ibrahim Pascha beseitigt werden. Auch Mustafa wußte sie durch eine beispiellose Intrige aus dem Weg zu räumen. Süleiman, vom angeblichen Verrat des eigenen Sohnes durch Roxelana überzeugt, sah keine andere Möglichkeit als dessen Ermordung. Damit nicht genug, auch Mustafas erst elfjähriger Sohn wurde getötet, um einer eventuellen späteren Rache vorzubeugen.

Das Wissen darum, daß die grausamen Gepflogenheiten am Hof des Sultans Roxelana nur die Wahl ließen, entweder mit den ihr zur Verfügung stehenden Waffen der List und Intrige andere zu ihren Opfern zu machen oder aber selbst zum Opfer zu werden, macht ihr Verhalten zwar nicht besser, erklärt es aber.

Roxelanas Traum, als Sultaninmutter die mächtigste Frau nicht nur im Harem des Sultans, sondern im ganzen Reich zu werden, erfüllte sich nicht. Sie starb 1558 noch vor Süleiman und erlebte damit auch nicht mehr die Thronbesteigung ihres leiblichen Sohnes.

Den Traum von Macht und Einflußnahme als Sultaninmutter träumten viele Frauen im osmanischen Reich. Wenigen erfüllte er sich, doch konnten immerhin auch Odalisken nicht ohne Aussicht auf Erfüllung diesen Traum träumen.

Unsterbliche Geliebte – Herrin auf Zeit

Klugheit gehört zweifellos zu den wichtigsten Qualitäten einer Mätresse. War sie nicht klug, brachte sie es oft gar nicht erst zur Mätresse oder aber sie ging sehr schnell an Neid, Mißgunst und vor allem Intrigen zugrunde. Oft reichte eine gewisse Schläue aus, um sich als Mätresse bei Hofe möglichst lange zu halten. Die Nuance zwischen Klugheit und Schlauheit machte vielfach den Grad der moralischen Qualität aus, dann, wenn es darum ging, die eigene Position nicht zu mißbrauchen oder nicht ausschließlich eigennützig zu gebrauchen.

Im allgemeinen war eine Mätresse schön, denn der entsprechende Herrscher oder mächtige Mann, der sich eine oder mehrere Mätressen leistete, hatte meist eine beachtliche Auswahl. Doch makellose Schönheit war keinesfalls immer ausschlaggebend. Es mußte jenes oft unerklärliche »gewisse Etwas« dazukommen, das ihre Persönlichkeit ausstrahlte und meist nicht nur den einen Mann, sondern die ganze Umgebung in Bann schlug. Wilhelmine von Grävenitz zum Beispiel war pockennarbig und beherrschte ihren »Herrn« dennoch nahezu ein Vierteljahrhundert lang. Herzog Carl Eugen war mit dem »sicherlich schönsten Kind Europas« verheiratet, wie Voltaire Prinzessin Elisabeth Friederike von Bayreuth nannte, und doch suchte er in unzähligen Affären und Liebschaften bei allerlei Sängerinnen und Tänzerinnen sein Glück. Im Vergleich zu Kaiserin »Sissi«, der schönsten Frau Österreichs, war Katharina

Schratt unauffällig und blaß, und dennoch zog Kaiser Franz Joseph sie insgeheim seiner schönen Ehefrau Elisabeth vor. Und das »schönste Weib Europas«, die russische Zarentochter Königin Olga von Württemberg, mußte bitter erleben, wie ihr Mann, König Karl, so manchen Jüngling oder Mann zu seinem Günstling machte.

Der Begriff Mätresse

Der Große Brockhaus von 1932 gibt unter dem Stichwort Mätresse folgende Definition: »Französisch Herrin, Geliebte, die von ihrem Liebhaber materielle Vorteile empfängt, besonders im 17. und 18. Jahrhundert die anerkannte, zu Rang und Stand erhobene Geliebte eines Fürsten.«

Nun kann man zweifellos dieser Definition von Mätresse die Frage entgegenhalten, worin sich denn dann eine Mätresse von einer Ehefrau unterschied: Geliebte, so jedenfalls nach dem heutigen Verständnis, sollte eine Ehefrau ihrem Manne eigentlich ohne Frage sein, und nicht nur die Ehefrau eines Fürsten wurde von ihrem Gemahl im allgemeinen mit der Heirat »zu Rang und Stand erhoben«. Einen materiellen Vorteil versprach sich umgekehrt durchaus auch die Ehefrau.

Der Königsberger Philosoph Immanuel Kant beschreibt in seiner »Metaphysik der Sitten« die »Geschlechtsgemeinschaft (commercium sexuale)« trocken als den »wechselseitigen Gebrauch, den ein Mensch von eines anderen Geschlechtsorgan macht«. Dem fügt die Ehe nur den gesetzlichen Rahmen hinzu;

Kant weiter: »Die natürliche Geschlechtsgemeinschaft ist nun entweder die nach der bloß tierischen Natur ... oder nach dem Gesetz. – Die letztere ist die Ehe (matrimonium), das ist die Verbindung zweier Personen verschiedenen Geschlechts zum lebenswierigen wechselseitigen Besitz ihrer Geschlechtseigenschaften. – Der Zweck; Kinder zu erzeugen und zu erziehen, mag immer ein Zweck der Natur sein; ... aber daß der Mensch, der sich verehelicht, diesen Zweck sich vorsetzen müsse, wird zur Rechtmäßigkeit dieser seiner Verbindung nicht erfordert.« Wenn Kants präzise Definition auch im Kontext der bürgerlichen Gesellschaft zu verstehen ist und nicht dem des Feudalismus, so läßt sich ein Punkt doch unschwer übertragen. Was die Mätresse von der Ehefrau eines Potentaten unterschied, war zunächst der Status vor dem Gesetz.

Nicht nur Fürsten, auch andere »Herren« der Gesellschaft hielten sich eine Mätresse. Wer Geld hatte, konnte die Geliebte entsprechend finanzieren, sie mit luxuriöser Wohnung oder auch Villa ausstatten, dort rauschende, halbseidene und daher um so begehrtere Feste feiern. Im Paris des 19. Jahrhunderts gehörte eine Mätresse auch und vor allem im Geldadel fast zum guten Ton, andere europäische Großstädte standen Paris in nichts nach (außer vielleicht den zahlreichen schmückenden Bohémiens). Dennoch bleibt auch die Brockhaus-Enzyklopädie von 1991 bei der Formulierung »anerkannte, oft einflußreiche Geliebte eines Fürsten« – die Betonung liegt auf dem »Fürsten« –, wobei vermerkt wird, daß der Begriff heute meist abwertend für die Geliebte eines verheirateten Mannes verwendet werde.

Tatsächlich bedeutete im 17. und 18. Jahrhundert, dem sogenannten höfischen Zeitalter, die Stellung einer Mätresse nichts derart Schändliches, wie es später im bürgerlichen Zeitalter, dem 19. Jahrhundert, zu sein schien. Mätressen gehörten gleichsam zu den »Requisiten« barocker Potentaten. Eine oder mehrere Mätressen zu »halten«, war geradezu Bestandteil der Hofetikette, besonders an den europäischen Fürstenhöfen im Zeitalter des Absolutismus. Liebschaften, Liebeleien, das war ein galantes Gesellschaftsspiel im formvollendeten, gezierten Rokoko.

Maîtresse en titre

Die anerkannte Mätresse eines kleinen oder großen Fürsten zu sein, vor allem die »Maîtresse en titre«, die herrschende Favoritin im Falle mehrerer Mätressen ein und desselben Herrn, bot nicht nur materielle Vorteile und gesellschaftliche oder gar politische Einflußmöglichkeiten, sondern war mit einem hohen Rang bei Hofe verbunden. Die erklärte »Maîtresse en titre« nahm im Hofzeremoniell protokollarisch die zweite Stelle nach der regierenden Prinzessin ein.

Die blauen Strümpfe, die beispielsweise die Mätressen von Herzog Eberhard Ludwig als dem Landesherrn gehörig kennzeichneten und somit für Begehrlichkeiten anderer Herren tabu, galten nicht etwa als stigmatisierend, sondern wurden von ihren Besitzerinnen voller Stolz getragen. Ob damals die Farbe blau zufällig oder bewußt analog zum blauen Gewand gewählt wurde, an dem eine Dirne im Mittelalter zu erkennen war, läßt sich heute nicht mehr sagen.

Die Bezeichnung »Blaustrumpf« für eine Frau, die für die soziale, rechtliche und politische Gleichberechtigung der Frau eintritt, hat mit den Erscheinungsformen der Liebesdienerinnen nichts zu tun. Sie wurde im 19. Jahrhundert verwendet und geht zurück auf das englische Wort »bluestocking« nach dem literarischen Kreis der Lady Montague im 18. Jahrhundert, zu dem auch weibliche Mitglieder zugelassen waren und auf deren Treffen der Botaniker Benjamin Stillingfleet in blauen Wollsocken statt in den üblichen schwarzen Seidenstrümpfen zu erscheinen pflegte. Daß »Blaustrumpf« im 17. Jahrhundert als Spottname für Diener nach den blauen Strümpfen der Livree gebraucht wurde, war den Liebesdienerinnen ein Jahrhundert später sicherlich nicht mehr bewußt.

Die Einschränkung, die der Brockhaus für die Gültigkeit des Begriffs Mätresse auf einen Fürsten macht, hat zumindest im 17. und 18. Jahrhundert eine Berechtigung, als die jeweilige »Maîtresse en tître« wichtige Funktionen im absolutistischen Staat innehatte. Oft bekleidete sie wichtige Ämter, war regelrecht verantwortlich für Ressorts wie Kultur und Personal. Es handelte sich also keineswegs um eine Privatangelegenheit des regierenden Fürsten. Eine Mätresse war von Staatsinteresse. Und Ziel einer Mätresse dürfte keineswegs nur materielle Bereicherung gewesen sein. Für herausragende, kluge Frauen wie die Maintenon oder Madame Pompadour lag der Reiz des Status einer »Maîtresse en tître« ganz ohne Zweifel in den politischen Gestaltungsmöglichkeiten dieser Position.

Eine wirkliche »Herrin« war ihrem Fürsten nicht nur die Frau fürs Bett, verführerische Geliebte für erotische Mußestunden, sondern sie war ihm – viel wichtiger – Gesprächspartnerin in zahlreichen außen-, meist aber innenpolitischen Angelegenheiten. Genau dies machte jedoch auch ihre »Gefährlichkeit« aus, dann nämlich, wenn die Mätresse die Gedanken und den politischen Willen ihres Herrn manipulierte, wenn sie Intrigen spann oder zum Spielball von Intrigen anderer wurde. Dadurch wurde eine Mätresse zum Politikum, oft genug die Liebesaffäre eines Fürsten zur Staatsaffäre. Daß Mätressen den Einfluß, den sie auf den Landesherrn und seine Politik hatten, in unterschiedlicher Intensität und für unterschiedliche Zwecke wahrnahmen, ist klar. Ihr Einfluß konnte sich in den verschiedensten Bereichen außerordentlich positiv auswirken. Eine Mätresse vermochte Kriege zu verhindern, Gefangene zu befreien, Mäzenin der Künste und Wissenschaften zu sein und vieles andere wirksam zu fördern.

Das konnte ihr zu großer Popularität verhelfen, wenn auch nicht immer bei den Zeitgenossen, so doch in der Nachwelt. Und stellte sie sich klug an, so sah der Hof in ihr einen großen Gewinn, vor allem dann, wenn die Landesherrin und Ehefrau des Fürsten ihren Pflichten nicht nachkam oder nicht gewachsen war. Eine geistreiche und schöne Mätresse nutzte dem Staat und seinem Ansehen, wenn sie die Grenzen ihrer Macht nicht oder zumindest nicht sichtbar überschritt. Eine macht-und raffgierige Mätresse konnte den Staat und ihren Fürsten dagegen in den Abgrund stürzen. »Mätressen haben Fürsten halb verrückt gemacht, Menschen unglücklich, Favoriten glücklich gemacht, sie haben Paläste wachsen lassen und Staaten an den Abgrund geführt.«

Fürstliche Ungnade und weibliche Vorsorge

Erzwungene Abdankungen und Thronverzichte sind bis in unser Jahrhundert hinein nicht ungewöhnlich und galten als einfachster Ausweg aus dem Dilemma einer der Staatsräson unliebsamen Liaison. In den meisten Fällen jedoch hielt der entsprechende Herrscher seiner Geliebten nicht die Treue. Vor die Alternative gestellt, entschieden sich die Männer im Zweifelsfall gegen die Liebe, gegen die Frau und für die Macht. Selbst nach vielen Jahren, gar Jahrzehnten einer scheinbar sicheren und stabilen Beziehung konnte eine Geliebte, eine Mätresse »abgelegt« werden, wenn es dem Herrn und Gebieter politisch oder dynastisch notwendig erschien. So geschehen unter anderem in Württemberg, als Wilhelmine von Grävenitz nach beinahe einem Vierteljahrhundert von heute auf morgen den Abschied nehmen mußte, weil der einzige Sohn und Thronfolger des Fürsten Eberhard Ludwig kinderlos zu sterben drohte und der württembergische Herzog glaubte, durch eine Versöhnung mit seiner legitimen Ehefrau noch einen weiteren Sohn und Thronfolger zeugen zu können.

Wilhelmine von Grävenitz, die Mätresse, hatte dem Herzog keine Kinder geboren. Das hätte für eine etwaige Thronfolge auch keine Rolle gespielt, denn selbst wenn ein Fürst seine Mätresse ehelichte, handelte es sich jeweils um eine »Ehe zur linken Hand«, um eine nicht standesgemäße, eine morganatische Ehe. Kinder aus einer solchen Verbindung waren von der Thronfolge ausgeschlossen.

Bei der hohen Wahrscheinlichkeit eines Sturzes, früher oder später, meist jedoch gewiß, ist es mehr als verständlich, daß die Mätressen versuchten, sich so gut es ging abzusichern. Ein »Eheversprechen« oder der kirchliche Segen zu einer Verbindung Fürst – Mätresse konnte zur moralischen Rechtfertigung der Frau dienen. Auch Mätressen waren Kinder ihrer Zeit und den Moralvorstellungen der Gesellschaft verhaftet. Keine wollte vor sich selbst und anderen als einfache Hure oder Dirne gelten, die sich dem Fürsten für Geld verkaufte. Auch im religiösen Bereich war vielen wichtig, nicht als »Sünderin« zu gelten und im Schoße der Kirche aufgehoben zu sein. Franziska von Hohenheim zum Beispiel litt sehr darunter, daß sie vom kirchlichen Abendmahl ausgeschlossen war.

Vor allem wollten die Frauen die Zukunft etwaiger gemeinsamer Kinder abgesichert wissen. Für den Fall der Ungnade seitens des Fürsten galt es, rechtzeitig materielle Sicherheit und Unabhängigkeit zu erlangen. Einzig vom Wohlwollen ihres Herrn abhängig, Neid und Mißgunst anderer, insbesondere der Familienangehörigen des Fürsten, ausgesetzt zu sein, barg ein großes Risiko. Selbst wenn eine Mätresse in hoher Gunst bei ihrem Fürsten stand, konnte dieser plötzlich sterben und sein Nachfolger, in der Regel sein Sohn, hatte meist nichts Eiligeres zu tun, als die Mätresse des Vaters respektive Vorgängers mit Schimpf und Schande, selten diskret und vornehm, davonzujagen. Das brachte ihm den Beifall vieler ein und oft persönliche

Genugtuung als Rächer der leiblichen Mutter und betrogenen Ehefrau des verstorbenen Fürsten und Vaters.

Nicht selten bereitete einem Herrscher die Versorgung von oft langgedienten Mätressen seines Vorgängers Sorgen. Meist lief auch die Erledigung des Problems »verwitwete Mätresse« nicht ohne Peinlichkeiten ab.

Herzog Friedrich I. von Württemberg

Der innovative Herzog Friedrich I. von Württemberg, geboren 1557 in Mömpelgard, dessen Baumeister Heinrich Schickhardt war und der vor allem als Gründer Freudenstadts in die württembergische Geschichte eingegangen ist, hinterließ nicht nur 15 Kinder aus der Ehe mit Sibylla von Anhalt, sondern darüber hinaus noch ungezählte illegitime Sprößlinge. Diese 15 ehelichen Kinder seien keineswegs als Beweis der Treue zu seiner Gemahlin zu werten, bemerkt der Historiker Charles Duvernoy. Man wußte, daß Friedrich seiner edlen Gemahlin untreu war, »wodurch er öffentliches Ärgernis erregte«.

Einige der auch nach dem Verständnis der Menschen des ausgehenden 16. Jahrhunderts ungehörig vielen Mätressen des Herzogs sind namentlich bekannt. Die »ränkevollste unter dem Geschmeis nichtswürdiger Kupplerinnen« soll Magdalena Möringer, auch als die Frau von Dresden bezeichnet, gewesen sein. Sie lebte in Urach. Im Tübinger Schloß war eine Frau Lichthammerin dem Herzog zu Diensten, im Tübinger Harnischhaus wohnte »eine Welsche«, genannt Anna Cogarnix; im neu gegründeten Freudenstadt wartete die Schulmeisterin Maria Kreterlin, in Heidenheim wußte man von der »frevlerischen« Hausschneiderin und in Mömpelgard von der »Wäscherin Madeleine«, deren Schönheit der Herzog für einige Zeit verfallen war.

Mögen diese Frauen zu Lebzeiten des Herzogs den einen oder anderen Vorteil genossen haben, um den sie allseits beneidet wurden, so erging es ihnen nach seinem Tod schlecht. Der Sohn und Nachfolger Johann Friedrich ließ sie verhaften und einsperren. Manche wurden des Landes verwiesen. Die seiner Mutter angetane Schmach sollte gerächt werden. Johann Friedrich trat als Saubermann an und hoffte gleichzeitig, damit zu seinem Regierungsantritt Sympathien im Land zu erwerben.

Er hatte allerdings seine liebe Not damit. Immerhin ließ er zwölf Mätressen seines Vaters verfolgen. Nach der zwölften jedoch stellte er weitere Untersuchungen ein, »um der väterlichen Ehre zu schonen«, wie Gerhard Raff im zweiten Band von »Hie gut Wirtemberg allewege« so schön zitiert.

Was Wunder also, wenn eine Mätresse zu Lebzeiten ihres Fürsten versuchte, Vermögen für spätere Notzeiten anzuhäufen. Die Annahme von Geschenken konnte in keinem Fall als strafbar gelten. Präsente des Fürsten waren immer begehrt. Besonders Schmuck und Kleider dienten als Sicherheit und konnten später durch Veräußerung den Lebensunterhalt sichern. Auch Häuser, Schlösser, Grundstücke, Güter, ja ganze Dörfer und Lehen wurden oft zu Lebzeiten des Fürsten zur finanziellen Absicherung der Mätressen bestimmt. Doch davon konnten sie problemlos vertrieben werden, Schmuck und Kleider hingegen, auch rechtzeitig ins Ausland geschafftes Geld, boten mehr Sicherheit.

Im Falle ihres Sturzes waren sie keineswegs vor körperlicher Bedrohung, Inhaftierung, ja sogar Todesstrafe sicher. Das vom Nachfolger Eberhard Ludwigs ausgesprochene Todesurteil gegen Wilhelmine von Grävenitz, der gegen die tote Sibylle von Neitschütz und deren Mutter angestrengte Hexenprozeß oder die jahrzehntelange Inhaftierung der Gräfin Cosel auf Burg Steupen mit Wissen und Billigung ihres ehemaligen Geliebten August des Starken in Sachsen sind dafür beredtes Beispiel, ja rühren noch heute die Nachwelt in ihrer menschlichen Tragik an.

Außergewöhnlich war eine Regelung wie in folgendem Fall: Nicht nur totgeschwiegen, sondern regelrecht für tot erklärt hat Herzog Heinrich von Braunschweig-Wolfenbüttel seine Mätresse Eva von Trott aus dem Hofstaat seiner Frau, der württembergischen Gräfin, Herzogin Maria. »Dieselbe liebte Hertzog Henricus mehr, als die Gemahlin vertragen konte; deßwegen muste das Fräulein von Hofe, und bald darauff kam Zeitung, daß sie unterwegens an der Pest gestorben wäre; deßwegen ihr in der Residentzstatt Wolffenbüttel ein kostbares Leichen-Begängnüß, und lange darnach vielfältige Seelmessen gehalten wurden«, so zitiert Gerhard Raff im ersten Band »Hie gut Wirtemberg allewege«.

Lulu von Strauß und Torney (1873–1956) beschreibt die gespenstische Szene des Scheinbegräbnisses der Eva von Trott in einem Gedicht:

Eva von Trott

Sie deckten die steinernen Fliesen
mit totenschwarzem Samt,
um graue Pfeilerriesen
ein Heer von Kerzen flammt'.

Die Weihrauchnebel umzogen
des Hochaltares Schrein,
es füllten der Wölbung Bogen
die Totenlitanein.

Zu Füßen dem Altare
der schmale Schragen stand,
es legte auf die Bahre
der Herzog seine Hand.

»Er gönnt meinem Glück nicht Ruhe,
der Ritter und Pfaffen Neid,
nun berg' ich's in schwarzer Truhe,
im weißen Sterbekleid.

Nun senken zur Gruft sie nieder
meine schöne Eva Trott.«
Es bargen seine Lider
der Augen stummen Spott.

Der Abt bekreuzte die Bahre,
das Requiescat klang.
Der Herzog vom Altare
schritt schwer die Hall' entlang.

Er kam zum Tor gegangen,
ein Knappe hielt sein Roß,
um mädchenweiche Wangen
das eiserne Helmband schloß.

Der Herzog griff in die Zügel,
er lachte: »Dank, Herr Tod!«
Da bebte die Hand am Bügel,
ein' weiße Stirne ward rot.

»Nun laß die Pfaffen plärren
in weihrauchdumpfer Luft
und mit eisernem Riegel sperren
die leere Totengruft!

Ich weiß eine Burg, mein Knappe,
die schirmt vor Feind und Fahr –
da will aus eiserner Kappe
ich lösen dein schwarzes Haar.

Da küss' ich den Mund, den roten,
den Pfaffen zu Trutz und Spott!
Da weck' ich auf von den Toten
meine schöne Eva Trott!«

Herzog Heinrich von Braunschweig-Wolfenbüttel ließ die Hofdame also kurzerhand für tot erklären, um sie hernach ungestört auf Schloß Stauffenburg besuchen zu können. Die so Totgesagte wurde immerhin insgesamt zehnmal von ihm schwanger! Seine Gemahlin hatte der Herzog im übrigen verlassen, »desswegen, dass sie nicht schöne wehre«. Sie hatte ihm zu jenem Zeitpunkt elf Kinder geboren. Maria, so der Name der Herzogin, war eine Schwester des württembergischen Herzogs Ulrich, der sie in die unglückliche Ehe mit dem Braunschweiger Heinrich gänzlich ohne Mitgift geschickt hatte, da er selbst hoch verschuldet war. Die »fromme und sehr tugendsame Fürstin« starb 1541 »aus Chagrin, wie man meint«. Tatsächlich starb sie fünfundvierzigjährig in Wolfenbüttel, »nachdem sie lange Zeit große Schmerzen und Plage vom Krebs erlitten«.

Wurde eine Mätresse »ehrenhaft« mit einer Abfindung entlassen, konnte sie von Glück sagen. Ob die gängige Regelung, eine »abgelegte« Mätresse mit einer arrangierten Ehe und einem dafür durch Geld oder eine gute berufliche Position belohnten Ehemann ruhigzustellen, für die betreffende Frau befriedigend war, sei dahingestellt. Sie war auf jeden Fall praktisch, und ob die gewesene Mätresse dadurch unglücklicher war als andere Damen der Gesellschaft, die sich auch mit arrangierten Ehen und aufgezwungenen Ehemännern abfinden mußten, sei ebenfalls dahingestellt. Die Kinder aus der Verbindung mit einem Fürsten jedenfalls hatten es in der Regel besser als andere, denn für ihre Ausbildung, Erziehung, Kleidung und Ernährung war seitens des Landesherrn meist bestens gesorgt.

Fürstliche Fürsorge

Wie fürsorglich ein Fürst für seine nichtehelichen Sprößlinge eintreten konnte, davon zeugen in Württemberg nicht nur die berühmte Hohe Carlsschule in Stuttgart, die Militärakademie Herzog Carl Eugens, in der er täglich und persönlich über das Wohlergehen seiner Zöglinge – darunter zahlreiche uneheliche Söhne – wachte, und ihr Pendant für Mädchen, die »École de demoiselles« im Stuttgarter Alten Schloß. Auch die Karriere des Hofbaumeisters Fischer, unehelicher Sohn von Herzog Carl Eugen von Württemberg, mag ein Beispiel für solche Fürsorge sein.

Davon zeugt auch Jahrhunderte früher das Bemühen von Herzog Eberhard im Bart, seine außerehelichen Kinder zu versorgen. Außer einem in der Wiege verstorbenen Töchterlein Barbara aus der 1474 geschlossenen Ehe mit Barbara Gonzaga von Mantua sind von ihm einige Kinder von »ledigen Frowen usserhalb der hailgen Ee geboren« bekannt. Von den Söhnen Ludwig und Hanns ließ Eberhard im Jahr 1484 durch den deutschen Kaiser »den Makel der unehelichen Geburt nehmen«. Das von Kaiser Friedrich am 16. Februar 1484 in Graz ausgestellte Schreiben spricht von zwei unterschiedlichen Müttern dieser beiden Söhne.

Der eine wurde 1493 als Dr. Ludwig Wirtemberger mit der Herrschaft Sulz belehnt und starb ohne Erben als Herr von Greiffenstein 1495 im Jahr der Erhebung seines Vaters Graf Eberhard V. zum Herzog. Der andere, Hanns Wirtemberger, wurde 1491 mit der Herrschaft Karpfen belehnt. Seine Nach-

Carlsschüler, Herzog Carl Eugen zeichnend, um 1775

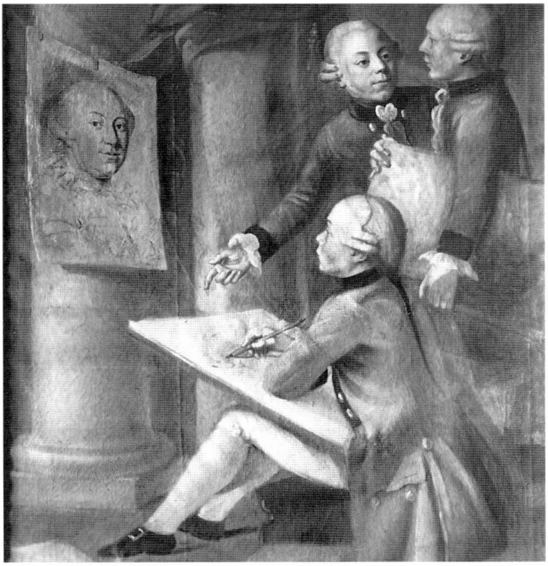

Ferdinand Fischer (1746–1813) mit Familie. Der Architekt der Schlösser Hohenheim und Scharnhausen war ein nichtehelicher Sohn Carl Eugens.

kommenschaft erlosch erst 1663. Hansmartin Decker-Hauff berichtet uns noch von einem weiteren illegitimen Sohn Eberhards, von Dr. Gregor Lamparter von Greiffenstein. Er entstammte wie Ludwig einer vorehelichen Verbindung mit Ottilie von Goßheim, genannt Sternenfels.

Für eine außereheliche Tochter Eberhards wählte man den Weg ins Kloster. Als Franziskanernonne Katharina Wirtemberger hören wir von ihr aus Owen unter Teck. Und für das uneheliche Töchterlein Margarethe, das unter der Obhut von Eberhards Mutter Mechthild, der außerordentlich gebildeten, kunstsinnigen und klugen Mechthild von der Pfalz, aufwuchs, hielt ihr Vater mit dieser Kindheit in der Umgebung und dem Einfluß dieser großartigen Frau im Vergleich zu den meisten ehelichen Mädchen ihrer Zeit das bessere Schicksal bereit. Margarethe heiratete in die angesehene Familie Schultheiss in Weilimdorf ein und wurde in der Amandus-Kirche zu Urach beigesetzt.

Die Mütter dieser beiden Frauen sind im Verborgenen geblieben und dürften somit zur Mehrzahl der Mätressen gehören, die von der Nachwelt vergessen wurden; Frauen, die »nur« Geliebte ihres Fürsten waren, nicht »Herrscherin« ihres Herrn, nicht Domina, nur Liebende oder Verführte, meist versteckt und verheimlicht dazu.

Das Bild der Mätresse durch die Geschichte hindurch bis in unsere Tage hinein geprägt haben jedoch nicht diese Frauen, sondern in erster Linie diejenigen, die Bekanntheit erlangten, weil ihr Einfluß groß war und nicht auf das Schlafzimmer beschränkt blieb.

Daß sowohl Männer als auch Frauen an den Fürstenhäusern Europas mehr oder weniger heimlich Liebhaberinnen oder Liebhaber außerhalb ihrer Ehen hatten, ist menschlich verständlich. Wurden doch Ehen von Fürsten aus allen erdenklichen Gründen geschlossen, nur nicht aus Liebe, von ganz seltenen Ausnahmen abgesehen. Oft kannten sich Braut und Bräutigam kaum oder nur von Bildern oder aus Schilderungen, waren Kinder oder noch gar nicht geboren, da wurden sie schon verlobt.

Ehen in Fürstenhäusern wurden zum Zwecke der Gewinnung von politischen Bündnispartnern geschlossen, zur Machtentfaltung oder Hinzugewinnung von Territorien, vor allem aber zur Erhaltung der Dynastie durch Zeugung und Gebären legitimer Thronfolger. Was Wunder, daß sich echte Gefühle, Zuneigung und Neigung außerhalb der Ehe Raum schufen. Frei in der Wahl des Partners waren die Angehörigen von Fürstenhäusern selbst dann noch nicht, als es in der bürgerlichen Gesellschaft im ausgehenden 19. und angehenden 20. Jahrhundert mehr und mehr üblich wurde, den Ehepartner selbst wählen zu können.

Weibliche Gunst und die Kunst – Mätressen als Mäzene

Über die Mätressen an den europäischen Fürstenhöfen hat man stets die gleichen Geschichten wiederholt und die gleichen Urteile gefällt. Selten sind sie positiv und fast nie frei von säuerlichen Vorbehalten. Das Bild, welches uns von diesen Frauen vermittelt wird, ist meist ein Abbild der Moral und Wertvorstellungen derer, die über sie berichten. Wie die Frauen jedoch dachten, was sie fühlten, bleibt uns fast gänzlich verschlossen.

Ein erster möglicher Ansatz zu einem Verständnis dieser Frauen, ihrer Leistung in der damaligen Gesellschaft aus dem Rückblick unserer Gegenwart heraus, wäre der Versuch, aufzuzeigen, welche Bedeutung und Funktion viele von ihnen für das Leben und die Alltagskultur am Hofe hatten, für Politik und Wissenschaft, die Entwicklungsfähigkeit ihres Landes, für Architektur, Kunst, Musik, Literatur und Theater.

Hier haben Mätressen sehr beachtliche Leistungen vorzuweisen, die uns allen Respekt abringen. Sind diese auch oft nicht auf den ersten Blick als direktes Verdienst den jeweiligen Mätressen zuzuschreiben, so zeigt die nähere Betrachtung, daß vieles auf ihre Anregungen und Vorlieben, ihre Protektion, ihren Einfluß zurückgeht oder überhaupt erst gedeihen konnte in einer kunst- oder freisinnigen Atmosphäre, wie sie im besten Falle in der Umgebung einer Mätresse und ihres Fürsten entstand. Sucht man unter solchen Vorzeichen ein Bild der Mätressen zu gewinnen und wertet aus dieser Sicht, so relativieren sich die über Jahrhunderte hartnäckig wiederholten Negativschlagzeilen gehörig.

Offenkundig ist der Einfluß schöner und gebildeter Frauen um einen Fürsten im repräsentativen Bereich höfischen Lebens des 18. Jahrhunderts, in dem sich, nach Art und Intensität von Hof zu Hof verschieden, barocke Festkultur zeigte. Die Schaffung eines günstigen Klimas hierfür oblag in hohem Maße den ersten Damen bei Hofe, und wenn bei der Wahrnehmung dieser auch für das wirtschaftliche Leben einer Residenz nicht zu unterschätzenden Funktion die Ehefrau eines Fürsten versagte, so hatte die jeweilige Mätresse freie Bahn, beneidenswerte gestalterische Möglichkeiten – und meist die Chance ihres Lebens. Geschickt genutzt konnte dies für eine Mätresse bedeuten, daß sie zu einem verdienstvollen Mäzen wurde oder lobenswert das betrieb, was man heute als Kultursponsoring bezeichnen würde.

Am Hof Augusts des Starken

Der Fest-Reigen an den Fürstenhöfen zog zahlreiche auswärtige und zahlkräftige Besucher in eine Residenz und brachte Geld in Umlauf. Lebensgenuß, Tanz, Musik, kulinarische Köstlichkeiten, »nie waren die Frauen so verführerisch, nie die Männer so elegant«, hieß es zum Beispiel vom Hof Augusts des Starken und seinen höfischen Festen, Maskeraden und Redouten, Venusfesten in Lustgärten, Dianenfesten in den Wäldern. Auch bei August dem Starken nahmen die Mätressen an Staatsempfängen teil, wurden vom Hofe sogar im Staatsinteresse auf ihre Eignung hinsichtlich solcher diplomatischer Ereignisse ausgewählt. Augusts Mätressen – zwölf sind offiziell verbürgt – schmückten Staatsempfänge nicht nur durch ihre Schönheit, sondern eben auch durch ihre Klugheit und außergewöhnliche Bildung.

Maria Aurora von Königsmarck, die nicht nur perfekt deutsch, schwedisch, englisch, französisch und italienisch sprach, sondern auch Latein beherrschte, wurde gar von Voltaire zu den »bemerkenswertesten Frauen der letzten drei Jahrhunderte« gezählt. Sie komponierte, spielte mehrere Instrumente, malte und dichtete, ja, sie erwies in späten Jahren als Pröpstin bei der Leitung des Stiftes Quedlinburg mit ihren glänzenden Verbindungen dem Stift hervorragende Dienste. Daß August sie nicht effektiv einsetzte, weil er ihre Begabungen wahrscheinlich verkannte, war sicherlich ein Fehler. »Frankreich hätte diese Tochter des Genies und der Schönheit besser zu stellen, ihre Eigenschaften besser zu nutzen gewußt.« Friedrich August sah in ihr nichts als eine reizende Geliebte, während er bei ihr »... den rettenden kühnen Geist, den Genius seiner Krone hätte finden können«, so schrieb Alexander von Sternberg über die Mätresse des sächsischen Herrschers.

Gräfin Cosel, die bedeutendste und wohl auch teuerste unter den Geliebten Augusts des Starken, die ihm drei Kinder gebar, beeinflußte immerhin acht Jahre lang an der Seite des Fürsten die Geschicke des Staates.

Doch August der Starke von Sachsen war nicht der einzige Herrscher, der in schönen Frauen in erster Linie schmückendes

Beiwerk sah. Der Wiener Historiker August Fournier sagte einmal über Napoleon: »Unter den Fehlern, die Napoleon beging, war einer, der seiner Herrschaft vielleicht mehr Nachteile brachte als mancher andere: er unterschätzte Wert und Geltung der Frauen.«

Auch deren Verdienste um Kunst und Architektur, um Schloßbauten und Gartenanlagen, wurden und werden oftmals unterschätzt.

Theaterdonner

Die 1752 als Tochter eines Waldhornisten der königlich-preußischen Kammermusik geborene Wilhelmine Encke, genannt »Minken«, wurde bereits im zarten Alter von zehn Jahren vom damaligen Prinzen Friedrich Wilhelm, dem Thronerben und Nachfolger Friedrichs II. des Großen, »entdeckt« und bald darauf systematisch zur Mätresse ausgebildet. Auf Rechnung des Prinzen weilte sie ein halbes Jahr in Paris, um ihre französischen Sprachkenntnisse zu vervollkommnen. Sicherheit im Umgang mit Fürsten und Grafen zu gewinnen, sich in der Hofhaltung zu üben, um später Festlichkeiten ausrichten zu können, sollte Ziel dieses Parisaufenthaltes sein. Wilhelmines Tanzlehrer war kein geringerer als der berühmte Vestris, Ehemann einer der Mätressen des württembergischen Herzogs Carl Eugen. Zurück kam sie als »die vollkommenste französische Kurtisane«, wie Vehse in seinen Berliner Hofgeschichten 1854 schrieb.

Wilhelmine Encke sollte ihrem Fürsten, der als Preußenkönig Friedrich Wilhelm II. von 1786 bis 1797 regierte, eine ebenbürtige Partnerin sein und sich als Förderin der schönen Künste hervortun. Kunst und Architektur wurden ihre Domäne. 1793/94 unterhielt sie ein Büro für Schlösser und Gärten in Berlin. Ihr besonderes Werk wurde das Schloß auf der Pfaueninsel. Bereits 1787 hatte sie Unter den Linden ein Privattheater gegründet, das Ludwig Tieck als eine »Oase der Toleranz« bezeichnete. In ihrem Berliner Salon, der auch für seine kulinarischen Köstlichkeiten bekannt war, verkehrten viele Künstler, vor allem Theaterleute. Nicht nur der Komponist Karl Ditters von Dittersdorf lobte die Atmosphäre in Wilhelmines Salon in den höchsten Tönen.

Die beflügelnden Auswirkungen auf das Theaterleben am Weimarer Hof als eine der Folgen des siebenundzwanzigjährigen Verhältnisses zwischen Herzog Carl August und der begabten Schauspielerin und Sängerin Caroline Jagemann, einer überaus geistreichen, selbstbewußten und finanziell unabhängigen (!) Frau in all seinen Schattierungen und in seinem durchaus störungsanfälligen Beziehungsgeflecht einschließlich des Theaterdirektors und Freundes Johann Wolfgang Goethe sind legendär.

Keineswegs mußte es sich eindimensional immer so verhalten, daß eine Mätresse von ihrem Fürsten finanziell profitierte. Genau das Gegenteil konnte auch der Fall sein. Etwa bei Helene Lupescu, der Geliebten Karls von Hohenzollern-Sigmaringen, 1930 bis 1940 König von Rumänien, der jahrelang auf Kosten seiner Mätresse lebte, die als außergewöhnlich erfolgreiche Unternehmerin blühende Handels- und Bankgeschäfte in ganz Europa abwickelte.

Gerade Schauspielerinnen und Tänzerinnen waren aufgrund stattlicher Gagen oftmals in der Lage, ein finanziell weitgehend unabhängiges Leben zu führen. Spielten in ihrer Beziehung zum Herrscher nicht gerade – auch dies kam ja immerhin vor – Zuneigung und Liebe die Hauptrolle, so waren die Absichten oft ganz pragmatisch: die besondere Beziehung zum Beispiel zu nutzen, um sich als Künstlerin günstige Arbeitsbedingungen zu schaffen. Geld war vonnöten für die Ausstattung eines Theaters oder Finanzierung von Inszenierungen. Macht und Einfluß machten sie dann weniger für die eigene Person als vielmehr für das Theater und dessen personelle Besetzung geltend. Daß dabei auch allerlei Schindluder getrieben wurde und die schönen Künste nicht immer davon profitierten, soll nicht verschwiegen werden.

Amalie von Stubenrauch

Vom »Joch des Courtisanenthums« war unter Künstlern des Stuttgarter Hofes während der dreißiger Jahre des 19. Jahrhunderts die Rede, wenn es um die hochbegabte, gefeierte und gefürchtete Schauspielerin Amalie Stubenrauch ging, die über viele Jahre hinweg als Mätresse König Wilhelms I. als heimliche Beherrscherin des Stuttgarter Theaters die Fäden von Schauspiel und Musik in der Hand hielt. Sie unterhielt einen Salon in der Neckarstraße, und wer es nicht verstand, sich bei der Stuben-

Amalie von Stubenrauch (1805–1876); aus München stammende Schauspielerin am Stuttgarter Hoftheater, langjährige Mätresse König Wilhelms I.

Karoline von Jagemann (1777–1848). Die Geliebte des Großherzogs Carl August von Sachsen-Weimar dominierte das Theaterleben am Weimarer Hof.

Anna Konstanze Gräfin Cosel, geb. von Brockdorff (1680–1765), Gemälde um 1710

rauch in die rechte Gunst zu setzen, mußte auch als europaweit anerkannter Künstler im Stuttgarter Theater- wie Musikleben selbst nach jahrelangen guten Diensten scheitern. Daß dabei große Künstler aus Stuttgart weggeekelt wurden, ist unbestritten. Eines der prominentesten Beispiele ist der Komponist und Kapellmeister Peter Joseph von Lindpaintner, der über Jahrzehnte hinweg als Kapellmeister am Stuttgarter Hof nicht nur Bestes geleistet, sondern das Musikleben der Stadt auf unerwartet hohes Niveau gebracht und moderner Entwicklung zugänglich gemacht hat. In ganz Europa auch als hervorragender Opernkomponist geschätzt, wurde er durch zahlreiche Intrigen und Machenschaften der Stubenrauch in seiner Arbeit beschränkt, weil er nicht bereit war, vor ihr und ihren ergebenen Hofschranzen zu katzbuckeln.

Unschätzbar ist die »stille« Einflußnahme einer Mätresse, die, unspektakulär und von Zeitgenossen unbemerkt ausgeübt, meist schlecht oder gar nicht nachweisbar ist. Nur vage läßt sich erahnen, wieviele Greueltaten und Willkürakte des kranken, an Verfolgungswahn leidenden russischen Zaren Paul um die Wende des 18. zum 19. Jahrhundert durch mäßigenden Einfluß seiner Mätresse verhindert, wie viele Menschen vor Verbannung, drohender Haft oder gar Ermordung gerettet wurden. Die zwar nicht gerade als schön zu bezeichnende, dafür aber intelligente Katharina Ivanovna Nelidova, am berühmten Smolny-Institut erzogen, war der einzige Mensch, der dem unberechenbaren Sohn Katharinas der Großen in seinen letzten Lebens- und Regierungsjahren Einhalt bieten und fatale Fehlentscheidungen sowie tyrannische Urteile über

Untertanen zumindest zeitweise verhindern oder mildern konnte.

Es spricht für die rechtmäßige Ehefrau Pauls, die württembergische Prinzessin Sophie Dorothea von Württemberg-Mömpelgard, zehnfache Mutter seiner Kinder, daß sie gemeinsam mit der Rivalin den Ehemann und Zaren in Schranken zu halten versuchte und den zügelnden Einfluß der Mätresse nicht nur anerkannte, sondern sogar stützte, um Schaden von Land und Volk abzuwenden. Eine äußerst seltene, großherzige Übereinkunft zwischen Ehefrau und Mätresse.

Immer wieder sind Veränderungen in der Persönlichkeit eines Herrschers, die direkt oder indirekt durch eine Mätresse bewirkt wurden, zu beobachten und gewinnen große Bedeutung.

Angesichts der auffallenden Toleranz des Staufer-Kaisers Friedrich II. gegenüber dem Islam, seiner Bewunderung und Hinwendung zur Kultur des Orients in einer Zeit, in der das christliche Abendland Kreuzzüge führte, stellt sich die Frage nach den Hintergründen, dem Kontext dieses Interesses. Cherchez la femme – dahinter steckt eine Frau –, würden die Franzosen vermuten. Eine Faszination des Herrschers von einer Orientalin und damit der Welt und dem Kulturkreis, dem sie angehört, ist durchaus naheliegend. Zwar entsprechen die Gerüchte, die der Papst in Umlauf brachte, Friedrich habe eine Tochter des Sultans samt Sarazeninnen geheiratet, nicht der Wahrheit. Tatsache jedoch ist, daß er aus der Verbindung mit einer Orientalin einen natürlichen Sohn, Friedrich von Antiochien, hatte. Auch führte er in späteren Jahren in seinem Gefolge

Frauen in verschleierten Sänften, die von Eunuchen bewacht wurden.

Die heitere Kunst- und Festkultur, die an seinem Hof, in den Palästen, Jagd- und Lustschlössern Apuliens lebendig war, war zweifellos in ihrer Erlesenheit vom Orient geprägt. Orientalische Tänzerinnen, Gaukler und Akrobaten zeigten auf den Festen ihre Künste, jedoch machte er nie eine Frau zum Mittelpunkt seiner Festlichkeiten, wie es an anderen Höfen zu Ehren der »Herrin« geschah. Seine Gemahlinnen lebten nach orientalischer Sitte mit eigenem Hofstaat in einer Art Harem. Wer möchte einen zwar verborgenen, doch sehr effektiven Einfluß orientalischer Frauen auf diese in damaliger Zeit ungewöhnliche Lebenshaltung eines abendländischen Herrschers leugnen!

Und die so verführerische Frage, »was wäre wenn« Friedrich II. sich gegen die kriegerischen und islamfeindlichen Kreuzfahrer aus den eigenen Reihen, gegen die wütende, intolerante Papstpartei Europas durchgesetzt hätte und es zu einem Geben und Nehmen, einem Austausch der Kulturen in den Bereichen der Naturwissenschaften und Künste oder der Ökonomie gekommen wäre, läßt die Einflußnahme einer Geliebten oder Mätresse in diesem Fall alles andere als negativ erscheinen. Für die Entwicklung von Wirtschaft, Wissenschaft und Kunst in Westeuropa hätte es einen großen Fortschritt bedeutet, wenn diese Offenheit gegenüber der Kultur des Islam, möglicherweise personifiziert in einer geliebten Frau, Schule gemacht hätte.

Männerliebe – Günstlinge

Daß sich Herrscher an europäischen Fürstenhöfen mit Mätressen umgaben, ist nun allgemein bekannt. Weniger hingegen die Tatsache, daß es auch Herrscher gab, die männliche Günstlinge hatten. Bezeichnend ist, daß es für den (weiblichen) Begriff »Mätresse« keine adäquate (männliche) Bezeichnung gibt. »Liebhaber«, »Günstling« oder allenfalls »Geliebter« werden für eine männliche »Mätressen-Existenz« herangezogen, ein »Maître« hingegen würde sich entrüsten, brächte man ihn auch nur in die Nähe des Begriffs Mätresse!

König Friedrich von Württemberg und seine »Spielknaben«

Inwieweit zum Beispiel der eine oder andere »spielende Knabe« um König Friedrich I. von Württemberg, dem Kindesalter schon entwachsen, zum »Maître« seines Herrn wurde, bleibt weitgehend im dunkeln. Tatsache ist, daß der Charakter der Freundschaften mit jungen Männern in späteren Lebensjahren König Friedrichs von ganz und gar anderer Qualität war als in den siebziger und achtziger Jahren des 18. Jahrhunderts, jener Zeit, in der der junge Prinz Friedrich in preußischen Militärdiensten enge vertrauliche Beziehungen zu ebenbürtigen, gebildeten und dem Prinzen in aufrichtiger Freundschaft zugeneigten jungen Männern unterhielt, wie zu Jonathan Holland, dem späteren Erzieher des Sohnes Friedrichs des Großen, zu Friedrich von Holstein oder in besonders inniger Weise zu Graf Zeppelin.

Was in Ludwigsburg im Schloß und in den Gartenanlagen im Kreise jener hübschen jungen Männer, der ständigen Begleiter des Königs, geschah, wenn man sich tobend in eher kindischer denn kindlicher Form auf den eigens angefertigten Schaukeln, Holzpferden und dem großen Karussell am »Schüsselesee« vergnügte, hatte weder mit unbeschwert-heiterem Spiel noch mit den oben erwähnten ernsten und beglückenden, romantischen Männerfreundschaften gebildeter Gleichgesinnter zu tun. Friedrich war in seinem Umgang im Lauf der Zeit weniger wählerisch geworden.

Vor allem die wilden, blutigen Hofjagden und die ausgelassenen Dianenfeste des in seiner Jagdleidenschaft ungezügelten Königs waren in der Bevölkerung gefürchtet. Friedrich erfreute sich ganz offensichtlich an der körperlichen Gewandtheit und Schönheit dieser jungen Männer, ergötzte sich an deren derben Späßen und nicht selten geschmacklosen Streichen und schien sich an der mangelnden Bildung, der schlechten Erziehung seiner »Lieblinge« wenig zu stören. Das Auftreten des Königs im Gefolge dieser Günstlinge muß peinlich und oft abstoßend gewesen sein, doch abgesehen von den Schmeicheleien, die den König in seiner Eitelkeit zur Selbsttäuschung verführten und seine zweifellos vorhandenen Schwächen wie seine Selbstherrlichkeit bestärkten, hatten sie keinen Einfluß auf die Staatsgeschäfte.

Im Unterschied zur Mätresse hatte der männliche Günstling eines Herrschers keinen offiziellen Status in der Hofgesell-

König Friedrich von Württemberg (1754–1816), Kupferstich nach einem Gemälde von Seele, 1806

König Karl von Württemberg (1864–1891)

schaft. Das Thema Männerliebe war tabuisiert, die sogenannte »griechische Liebe« galt als verpönt und besaß keinen Platz bei Hofe, die betreffenden Männer hatten keinerlei Spielraum zur Betätigung auf politischem oder kulturellem Gebiet. Etwas bleibend Positives für das Land, sei es auf politischer, sozialer, kultureller oder künstlerischer Ebene, konnte denn keiner dieser männlichen Günstlinge leisten, und deshalb sind sie wohl auch namenlos geblieben. Offen gezeigt oder gar anerkannt wurde keiner der männlichen Günstlinge von Herrschern der Neuzeit, nicht einmal im sinnenfreudigen Barockzeitalter. Seltene Ausnahmen finden sich allenfalls im Bereich der Kunst, etwa in der Anerkennung eines jener in der Barockzeit hochgeachteten Kastratensänger, der sich durchaus auch außerhalb des höfischen Musiklebens an der Seite seines Fürsten zeigen konnte.

Künstlerisches Wirken eines Günstlings und die damit verbundene kunstsinnige und kulturschützende Haltung seines Herrn zumindest in diesem engen Bereich mag auch als seltene Ausnahme für eine positive Funktion eines männlichen Günstlings in seiner Gesellschaft gelten. Wie das folgende Beispiel zeigt, konnte die Existenz eines oder mehrerer männlicher Favoriten destabilisierende Auswirkungen auf die politischen Verhältnisse im Land haben.

Blieb es im Falle König Friedrichs von Württemberg zu Beginn des 19. Jahrhunderts bei mehr oder weniger verheimlichten Peinlichkeiten, so führten die Zustände am Hof König Karls Jahrzehnte später zu einem handfesten politischen Skandal, und nur der Tod des Königs machte den sorgenvollen Diskussionen um die Notwendigkeit einer Abdankung ein Ende. Die homophilen Neigungen Karls ließen sich mit der Zeit nicht nur immer schwerer verbergen, sondern spitzten sich zunehmend zu einer politischen wie dynastischen Krise zu. Das Ansehen der Monarchie in Württemberg war bereits Anfang der 1880er Jahre durch das politisch resigniert-apathische Verhalten des Königs an einem Tiefpunkt angelangt. Einzig seine politisch disziplinierte Ehefrau, die russische Zarentochter Olga Nikolaevna, sorgte für Hochachtung im In- und Ausland. Der russische Gesandte am württembergischen Hof und spätere Außenminister des russischen Zaren, Gortschakov, sagte von Königin Olga, sie sei »der einzige Mann am Württembergischen Hof«.

Während sich Olga unter Einsatz all ihrer Kräfte und ihres Vermögens im sozialen wie bildungspolitischen Bereich engagierte und Institutionen wie Krankenhäuser, Schulen, Kinderheime, Altenheime oder Blindenanstalten schuf, die bis heute existieren, verbrachte der König viel Zeit mit seinem amerikanischen Freund Charles Woodcock und verwöhnte ihn mit kostspieligen Gunstbeweisen, Geld und Geschenken aller Art, ja, er ernannte ihn sogar zum Kammerherrn und adelte ihn als

Baron Savage. Die durch massiven Druck aus den eigenen Regierungskreisen ebenso wie von Preußen erzwungene Trennung Karls von seinem Günstling im Jahr 1889 schuf allerdings nur vorübergehend Ruhe. Bald schon tauchte ein gewisser Georges, Obermaschinenmeister am Theater, im persönlichen Umfeld Karls auf, und die zahlreichen Schmähschriften aus der Öffentlichkeit ließen gar Kaiser Wilhelm II. in Berlin eine Absetzung Karls betreiben, da er im Verhalten des württembergischen Königs eine schlimme Korrumpierung des deutschen Fürstenstandes sah.

Keiner jener männlichen Günstlinge zeigte sichtbares Interesse oder Engagement, etwa im kulturellen oder politischen Bereich. Da man sie nicht anerkannte, blieb ihnen hierzu auch keine Chance. Mit materieller Bereicherung schienen sie sich zu begnügen. Sie blieben allesamt seltsam blaß und unbekannt. Wohl deshalb beschäftigte keiner die Gemüter der Nachwelt, wie dies bei ihren weiblichen Pendants in so vielen Fällen mit berühmten Namen und durch viele Jahrhunderte hindurch der Fall war.

Frauengunst – Frauentrost

Wie war es umgekehrt mit den Liebhabern von Frauen, etwa von Herrscherinnen an europäischen Höfen, bestellt?

Ein »Maître d'Amour« war und ist für so manche um ihr Glück betrogene Ehefrau und Herrscherin nicht nur Ausweg und Trost, sondern über das Private hinaus bewußt eingesetzte Kraft zur Verwirklichung politischer und wirtschaftlicher Interessen. Prominentestes Beispiel aus der Geschichte ist wohl Zarin Katharina II. die Große von Rußland.

»Skandal Europas« – die russische Zarin Katharina die Große

Katharina war eine kluge, belesene, vielseitig interessierte Frau mit politischem Instinkt und außergewöhnlicher politischer Begabung, unter deren Herrschaft Rußland an Macht und gesamteuropäischem Prestige zunahm. Die langjährige Briefpartnerin Voltaires wurde durch ihr provozierendes Liebesleben zum »Skandal Europas«, vielleicht die berüchtigtste Frau ihrer Zeit. Ihre Habsburger Kollegin, die Kaiserin Maria Theresia, Mutter von 13 Kindern, sprach voller Abscheu nur von »diesem Weib«.

Katharinas Liebesabenteuer – und das macht sie über das Voyeuristische hinaus auch heute noch interessant – gingen in ihrer Bedeutung weit über den üblichen Klatsch hinaus, indem sie politische, militärische und wirtschaftliche Geschichte von europäischem Rang mitschrieben.

Ähnlich ihrer Namensschwester Katharina I., der litauischen Dienstmagd, die einst als Liebchen eines Freundes von Zar Peter dem Großen, Menschikov, begonnen und sich später als Vertraute und Bettgefährtin des Zaren bis zu dessen Ehefrau hochgedient hatte, unterstellt man Katharina II., auch sie habe sich durch Betten einflußreicher Männer zum Zarenthron hochgedient. Dabei war es wohl gerade umgekehrt. Nicht wenige junge, begabte Männer sind durch die Protektion der Zarin zu Macht, Einfluß, Geld und Vermögen gelangt. Doch erst lange, nachdem die Prinzessin von Anhalt-Zerbst an der Seite ihres ungeliebten Mannes Peter III. die Ehefrau des russischen Zaren geworden war.

»Wenn du diesen Menschen liebst, wirst du das unglücklichste Geschöpf auf Gottes Erdboden. Denn dein inneres Wesen würde Erwiderung verlangen, dieser Mensch aber beachtet dich kaum. Denken Sie an sich selbst Madame!« So schrieb die aufgeweckte, gebildete junge Frau, die früh erkannte, daß sie zu ihrem kindisch-vertrottelten, von Pockennarben entstellten Ehemann nicht gerade eine beglückende Beziehung würde entwickeln können. Und als sich auch im siebten Ehejahr noch kein Thronfolger von ihrem der Impotenz verdächtigten Ehemann einstellen wollte, dachte sie tatsächlich an sich selbst: und erlag den Liebesbeteuerungen des sechsundzwanzigjährigen Kammerherrn Sergej Saltykow. »Er war schön wie der Tag und niemand kam ihm gleich«, so Katharina zu ihrer ersten leidenschaftlichen Affäre. Bald darauf gebar sie einen Sohn.

Von ihrem 23. Lebensjahr an hat sie nachweislich 21 Liebhabern ihre Gunst geschenkt – der letzte offiziell am Hof eingeführte Favorit war Platon Zubow, damals war die Zarin 62 Jahre alt. Auf den indirekt ausgesprochenen Vorwurf, sie habe sich als alternde Frau junge Liebhaber genommen, soll Katharina geantwortet haben, man solle ihr dafür doch dankbar sein. Auf diese Art leiste sie selbst hier Dienst am Vaterland. Junge Männer könnten bei ihr weltmännischen Schliff erster Güte erwerben und erhielten eben darin die Chance ihres Lebens.

Die hohe Schule der Politik

Unter denen, welche diese Chance ergriffen, waren nicht wenige hochbegabte Männer. Die Verschmelzung von Privatem und Politischem läßt sich besonders an dem polnischen Grafen Stanislaw Poniatowskij aufzeigen, der ihr in schwärmerischer Liebe zugetan war. Jahre nach der Affäre mit Poniatowskij griff Katharina in einer höchst brisanten politischen Angelegenheit auf ihren ehemaligen Liebhaber zurück, als die damaligen europäischen Großmächte Preußen, Österreich und Rußland daran gingen, Polen unter sich aufzuteilen. Nach dem Tod des polnischen Königs Friedrich August II. von Sachsen 1763 war in Warschau eine Königswahl fällig, und Katharina nominierte ungeniert Stanislaw Poniatowskij, der sich zunächst heftig sträubte. Ihr jedoch erschien der ehemalige Liebhaber als Werkzeug russischer Politik bestens geeignet: »Ich gratuliere Ihnen

Katharina II., die Große (1729–1796). Die Zarin wandelte sich im Laufe ihrer langen Regierungszeit von einer der Aufklärung verschriebenen Idealistin zu einer unnachgiebigen absolutistischen Herrscherin.

zum König, den wir (pluralis majestatis) gemacht haben«, schrieb sie ihm nach seiner Thronbesteigung.

Größere Berühmtheit erreichten andere Geliebte von Katharina. Grigorij Orlow war es, der zusammen mit seinem Bruder Alexej gegen Peter III. putschte, was Katharina den Zarenthron bescherte. Und der bekannteste Liebhaber Katharinas, Fürst Potemkin, mit dem sie sich sogar heimlich trauen ließ und mit dem sie eine große Liebe verband, spielte für die russische Geschichte eine wichtige Rolle, vor allem bei der Eroberung und Annexion der Krim und fruchtbarer südlicher

Fürst Grigorij Grigorjewitsch Orlow (1734–1783), Kopf der Palastrevolution, die Katharina auf den Zarenthron brachte.
Rechts: Fürst Grigorij Alexandrovitsch Potemkin (1739–1791), die große Liebe der zehn Jahre älteren Zarin Katharina II.

Territorien sowie deren Besiedlung mit zuverlässigen Grenzbauern. Der kongeniale Partner und Ratgeber Katharinas, beliebt bei den Offizieren wie beim gemeinen Soldaten, wirkte auch als treibende Kraft bei der Gründung von Städten, Häfen und Werften, ja sogar einer Schwarzmeer-Flotte. Er war einer der aktivsten Verwaltungs- und Wirtschaftsfachleute im Reich Katharinas und nicht nur der Arrangeur glänzender Feste und Schauspiele bei Hofe, als den die meisten von uns ihn kennen.

Die reichen Paläste der Günstlinge der Zarin bestimmen zum Teil heute noch das Petersburger Stadtbild.

»Nebeneheliche Verhältnisse« am württembergischen Hof

Doch man muß nicht erst nach Rußland blicken, auch nicht nach Ägypten zu Kleopatra, und die ehrgeizige chinesische »Eiserne Kaiserin« Wu, einstige kaiserliche Konkubine, die im Jahr 684 n. Chr. als erste und einzige Frau den chinesischen Kaiserthron bestieg, das rechtmäßige Herrscherhaus der T'ang-Dynastie verdrängte und die kurzlebige Chou-Dynastie begründete, braucht nicht allein als Beispiel dafür herhalten, daß Mätressenwirtschaft auch umgekehrt für die Gönnerschaft zwischen mehr oder weniger mächtigen Frauen und erwählten Günstlingen existierte. Schon für die erste Hälfte des 16. Jahrhunderts ist in Württemberg von »nebenehelichen Verhältnissen« die Rede, wenn es um die zerrüttete Beziehung zwischen Herzog Ulrich und Sabina von Bayern, seiner Ehefrau, geht. Es gibt Stimmen, die sagen, sein Nachfolger, der spätere Herzog Christoph, den Ulrich vielleicht deshalb nie recht leiden mochte, den er nicht einmal an sein Sterbebett ließ, sei eigentlich der Sohn von Dietrich Späth und Sabina von Bayern.

Warum auch sollte sich eine an einem Fürstenhof unglücklich verheiratete Frau nicht mit einem Geliebten trösten? Schwierig genug war es in der Hofgesellschaft, ein solches Verhältnis überhaupt einzugehen, geschweige denn, es zu verheimlichen. Sich offen zu einem Liebhaber in einem »nebenehelichen Verhältnis« zu bekennen oder ihn gar zu protegieren, war nahezu unmöglich. Nur in den ganz seltenen Fällen, in denen die Frau die Macht hatte, etwa als Herrscherin, konnte es zu einem offen gezeigten und anerkannten Verhältnis mit einem Liebhaber oder Günstling kommen, das vergleichbar wäre mit dem eines männlichen Herrschers zu seiner Mätresse.

Daß sich der eben erwähnte Herzog Ulrich bereits während seiner Verbannung im damals württembergischen, heute französischen Montbéliard eine Mätresse, eine Mömpelgarderin, hielt, welche von ihm einen Sohn Heinrich hatte, sei hier nur am Rande erwähnt, nicht zuletzt, um den Blick auf die an allen europäischen Fürstenhöfen verbreitete Existenz von Mätressen nach Württemberg zu lenken und zunächst ein Auge auf die linksrheinisch gelegenen württembergischen Gebiete, das Elsaß und Mömpelgard im heutigen Frankreich, zu werfen.

Württembergische Mätressenwirtschaft in Frankreich

Sowohl den Zeitgenossen als auch der Nachkommenschaft eines Herrschers mußten Mätressen oft als Sündenböcke für Mißwirtschaft und politisches Fehlverhalten einer ganzen Regierung herhalten, als bequeme Erklärung allen Übels der Gesellschaft. Selten jedoch ließen sich Herrscher so vollständig von einer Frau beherrschen, daß sie ihretwegen ganz und gar ihr politisches Interesse oder Streben nach Machtentfaltung und -erhaltung vergessen hätten. Allenfalls vorübergehend, wie der junge, verliebte Eberhard Ludwig, als er seiner Grävenitz in die Schweiz nachreiste. Ein Eberhard Ludwig wäre auch ohne Wilhelmine von Grävenitz von seinem absolutistischen Regierungsstil keinen Deut abgewichen.

Auch Herzog Leopold Friedrich aus der Linie Württemberg-Mömpelgard, Regent über die an der burgundischen Pforte in Frankreich gelegene württembergische Grafschaft Mömpelgard, das heutige Montbéliard, hätte ohne seine »belle Sabine«, die schöne Sabine Barthol, nicht weniger verschwenderische Jagden abgehalten, nicht seltener die jungen Dorfbewohnerinnen seiner Herrschaft »heimgesucht« und nach einunddreißigjähriger Herrschaft bei seinem Tod im Jahr 1631 nicht weniger Unordnung und Schulden hinterlassen.

Sabine Barthol, die Ehefrau des Kammerdieners Bastien Jodry, von der es heißt, sie habe großen Einfluß auf den Herzog ausgeübt und diesen oft mißbraucht, gehörte zweifellos nicht zu den »tugendsamen Mätressen«. Sie floh nach dem Tod ihres Gönners nach Châtenois im Elsaß, wohl ahnend, daß ihr der Bruder und Nachfolger, Georg II., Böses antun wollte. Tatsächlich beabsichtigte er sie zu inhaftieren und mit diesem Symbol vermeintlicher Verschwendung und Mißherrschaft allen Makel vom Herrscherhaus zu tilgen.

Daß ihr der eigene Ehemann, der das Verhältnis seiner Frau mit dem Herzog jahrelang zumindest geduldet und ganz bestimmt so manches davon profitiert hatte, so übel mitspielen sollte, daß er von seinem »Besitzrecht« als Ehemann Gebrauch machte und sie vom Elsaß gewaltsam nach Mömpelgard zurückholte, um sie dem neuen Herzog auszuliefern, hätte Sabine sicherlich nicht vermutet. Sie wurde wegen Ehebruchs und Bigamie verbannt und auf ewig des Landes verwiesen, ihr Vermögen konfisziert. Sabine Barthol war die letzte und die mächtigste in einer ganzen Reihe von Mätressen jenes verschuldeten, zwar leutseligen, doch cholerischen und ungestümen Herzogs Leopold Friedrich.

Leopold Friedrichs Ehefrau, die kinderlose Herzogin Sibylla von Württemberg-Stuttgart, eine direkte Kusine ihres Ehemanns, litt unsagbar darunter. Von ihr heißt es, sie habe »mehr durch die Schönheit ihrer Seele und ihre Bildung hervorgestochen als durch ihre äußerlichen Qualitäten«. Nach dem Tod ihres Mannes, den sie um 45 Jahre überlebte, zog sie sich auf ihren Witwensitz Schloß Héricourt zurück und widmete sich der Geschichte und Malerei, besonders aber der Musik.

Oder einem Musiker? Man gönnt ihr, der Leidgeprüften, die späte Freundschaft zu dem um vier Jahre jüngeren Musiker

Johann Jacob Froberger. »Und man verliert sich ein wenig in Vermutungen über das Wesen der Beziehungen zwischen der vornehmen Witwe von Stand und dem Musiker«, so der Historiker Jean-Marc Debard 1991 in seinem Werk über den Stuttgarter Barockkomponisten.

Froberger war ein berühmter Musiker, gefeiert in den Kapitalen Europas, als er London, Paris, Wien, wo er als kaiserlicher Hoforganist gewirkt hatte, und Stuttgart mit dem kleinen, unbekannten Héricourt vertauschte. Die sechsundvierzigjährige Herzoginwitwe, als von liebenswerter Herzensgüte geschildert, von allen geliebt und verehrt in ihrem kleinen Land, bot dem zweiundvierzigjährigen Musiker zweifellos ein Zuhause und eine Heimat, die er ebenso wohltuend empfinden mußte wie die Wärme und Herzlichkeit, welche Herzogin Sibylla ausstrahlte.

Wie nahe sie ihm stand, zeigt eine Schilderung Frobergers aus ihrer Feder an einen Freund nach dem Tod des Musikers, anrührendes Zeugnis der Zuneigung zweier kunstsinniger, gebildeter Menschen.

Zu den drei Frauen aus dem Hause Württemberg, denen der zweite Band des unentbehrlichen Standardwerks »Hie gut Wirtemberg allewege« von Gerhard Raff gewidmet ist, gehört jene Sibylla Augusta, die in der Stuttgarter Stiftskirche begraben wurde. Der Schmuck ihres Zinnsarges zeigt eine Frau vor einer Orgel, die auf ein Choralbuch deutet, ein Klavier mit einer Violine, eine Mandoline und Notenblätter. Die Musik, das Vermächtnis jenes Mannes, der ihr wahrscheinlich als einziger Glück geschenkt hatte, sollte ihren Tod überdauern.

Nachdem der Bruder des zügellosen Leopold Friedrich, Georg II., Ordnung in die Finanzen und Verwaltung der Grafschaft gebracht hatte, die sein Bruder verwahrlost zurückgelassen hatte, die Gläubiger bezahlt und die Vorräte wieder aufgefüllt waren, und wohl auch der liebe Gott wieder ausgesöhnt war durch die zahlreichen religiösen Traktate, welche Georg verfaßt hatte, sollte ein Herzog die Regierung übernehmen, der in punkto Mätressenwirtschaft alles in den Schatten stellte, was bisher dagewesen war.

Der Sohn Georgs II., Leopold Eberhard, der letzte Sproß der 1617 zur Herrschaft gelangten Mömpelgarder Linie, übernahm 1699 im Alter von neunundzwanzig Jahren die Regierungsgeschäfte ohne das notwendige geistige Rüstzeug für eine solche Position. Seine Erziehung war völlig vernachlässigt worden. Im Alter von elf Jahren konnte der später erfolgreiche Soldat noch nicht lesen und schreiben – für ein württembergisches Kind schon damals schier undenkbar!

Seit 1692 hatte er in österreichischen Diensten sämtliche Türkenschlachten mitgekämpft und sich große Anerkennung erworben. Seinem geringen Interesse an Mömpelgard steht eine große Faszination der arabischen Kultur und Sprache gegenüber. Der Sohn des christlich-religiöse Traktate verfassenden Georg lernte arabisch und studierte den Koran.

Daß er im Koran allerdings »seinen Geschmack für die Polygamie und seine vulgären Liebschaften« entdeckt hat, wie ein Mömpelgarder Historiker vermutete, ist eher unwahrscheinlich. Vielmehr ist seine jegliches Maß des in diesen Dingen eher großzügig galanten Zeitalters übersteigende Mätressenwirtschaft im Draufgängertum des Alles oder Nichts eines ungeschliffenen Soldaten zu verstehen.

Am Beginn stand eine nicht standesgemäße Heirat. In der Umgebung des Hofstaates seiner älteren Schwester Eleonore Charlotte, die mit Herzog Sylvius von Württemberg-Oels verheiratet war, lernte er die 1676 geborene Tochter des Bäckers von Oels kennen, verführte sie und heiratete sie heimlich im Jahr 1695 in der Nähe von Posen. Als er nach dem Tod seines Vaters in Mömpelgard die Regierungsgeschäfte übernehmen mußte, zog sie mit ihm. Anne Sabine Hedwiger wurde im Schloß von Mömpelgard nur »Madame Hedwiger« genannt, bald darauf im Jahr 1701 jedoch mit dem Titel »Comtesse de Sponeck« ausgestattet. Von ihren vier Kindern überlebten drei.

Herzog Leopold Eberhard und die schönen Schwestern

Längst jedoch hatte Leopold Eberhard ein Auge auf die vier (!) schönen Schwestern des Mömpelgarder Schneiders Curie geworfen, die allesamt hübscher und listiger als Anne Sabine geschildert werden. Dem einstigen Soldaten Leopold Eberhard gelang die Eroberung aller vier Schwestern, die er kurzerhand alle miteinander in den Haushalt seiner Frau aufnahm.

»Sie waren von bemerkenswerter unterschiedlicher Schönheit. Die älteste, Sebastienne, war blond, sehr groß, aber graziös und schien das reizendste und beste Geschöpf zu sein. Henriette Hedwig, brünett, hitzig und leidenschaftlich, oft drohend eifersüchtig, schien um so gefährlicher, je mehr sie Herrin ihrer selbst war. Sie war sehr auf ihren eigenen Vorteil bedacht und erriet sehr schnell, was ihr nützen könnte. Elisabeth Charlotte, eine ganz zierliche Frau, außerordentlich charmant, fröhlich, leichtsinnig, lebte nur für ihr Vergnügen, von morgens bis abends hüpfte und tanzte sie umher, und in ihrem Kopf hatte sie kein Quentchen gesunden Verstands. Polixene war sicherlich ein physisches Meisterwerk der Schöpfung. Sie allein vereinte in sich die Schönheit, den Charme und die Verführungskraft ihrer drei Schwestern – die Würde der einen, den Stolz der anderen, die Fröhlichkeit und Anmut der dritten. Sie war darüber hinaus entzückend geistreich, vielseitig gebildet und talentiert, sie gefiel immer.«

So schildert die Elsässerin Baronin von Oberkirch, aufgewachsen am Mömpelgarder Hof und »amie de coeur« von Prinzessin Sophie Dorothea von Württemberg-Mömpelgard, der späteren Ehefrau des Zaren Paul von Rußland, die Frauen, die zweifellos eine außerordentlich anstrengende Weiberherrschaft im Mömpelgarder Stadtschloß ausübten. Und man unterstelle dem Herzog ja nicht, er habe für seine fünf Frauen nicht rührend gesorgt! Henriette Hedwig wurde 1697 pro forma mit einem Herrn von Sandersleben verheiratet. Dieser allerdings gab vier Jahre später entnervt auf und ließ sich scheiden. Leopold Eberhard hatte mit ihr sieben Kinder. Polixene, die bald seine Favoritin wurde, blieb kinderlos. Die Beziehung fand erst durch den plötzlichen Tod der noch blutjungen Frau ihr Ende.

Ob die fünf Kinder, die Sebastienne zur Welt brachte, von ihrem »Maître« oder ihrem Ehemann stammten, einem deutschen Perückenmacher namens Ziffer, läßt sich nicht genau sagen. Sie gab ihren fünf Kindern den Namen »Espérance«, also Hoffnung, nach dem Großvater mütterlicherseits, der unter diesem Namen als Kapitän in der kaiserlich-habsburgischen Armee gedient hatte.

Auch Elisabeth Charlotte hatte vom Herzog mehrere Kinder, fünf wurden vor der 1718 mit dem Herzog erfolgten Eheschließung geboren. Die Hochzeit mit Elisabeth Charlotte konnte freilich erst stattfinden, nachdem Leopold Eberhard von seiner ersten Frau offiziell geschieden war. Der Herzog adelte alle seine Mätressen, legitimierte die sieben Kinder von Henriette, der ältesten der vier Schwestern, die er von ihr vor und nach der Scheidung von ihrem Scheinehemann hatte, schenkte ihr Ländereien und verlieh ihr Grafschaft und Titel von Coligny. Auch die Kinder von Elisabeth Charlotte wurden mit zahlreichen Ländereien beschenkt.

Da der Herzog diese Besitztümer nicht von seinem eigenen Vermögen nahm, schuf er sich zahlreiche Feinde, indem er die von ihm für Mätressen und Kinder benötigten Güter einfach einzuziehen pflegte. Seine Unbeliebtheit im Volk wurde durch eine derartige Politik, durch Schulden und Mißwirtschaft, auch durch seine gefürchteten nächtlichen Ausflüge in die Stadt mit allerlei Exzessen noch verstärkt. Ein Wunder, daß nur ein Betroffener, den er um sein Vermögen gebracht hatte, auf den Vielgehaßten ein Attentat verübte: Dem einst wohlhabenden Bürger Thevenot, dem man seine ganzen Besitztümer entzogen hatte, mißglückte allerdings sein 1712 verübter Anschlag mit einem Gewehr. Er wurde zu einer hohen Geldstrafe und zehn Jahren Exil verurteilt.

Des Herzogs erste Ehefrau, Anne Sabine, mit der er die ganzen langen Jahre »nebenbei« verheiratet blieb, aber anscheinend das Interesse an ihr angesichts der vier schönen Schwestern Curie verloren hatte, konnte die Zustände im Schloß allmählich nicht mehr ertragen. Im Jahr 1714 brach sie zusammen. Nach einem elementaren Wutausbruch, währenddessen sie sich körperliche Verletzungen zuzog, stellte Leopold Eberhard sie vor drei Alternativen: Entweder sie erkläre sich bereit, die Verhältnisse zu dulden oder sie verlasse den Hof bzw. willige in die Scheidung ein. Entnervt stimmte sie einige Wochen später einer Scheidung zu: infolge »Unvereinbarkeit der Charaktere beider Ehegatten«, wie es in der Scheidungsurkunde heißt. Erst 21 Jahre später starb die unglückliche Anne Sabine.

Doch nicht genug damit. Leopold Eberhard verkuppelte auch bedenkenlos seine Kinder untereinander. So wurde zum Beispiel Georg Leopold, der Sohn seiner ersten Ehefrau Anne Sabine Hedwiger, mit der Tochter Henriette Hedwigs, geborene Curie, verheiratet. Daß nach dem Tod des Herzogs, der 1723 im Alter von 53 Jahren verstarb, ein heilloses politisches wie dynastisches Durcheinander herrschte, das selbst dann nicht mehr durchschaubar sein konnte, wenn auch nur einige seiner Bastarde an die Macht drängten, liegt auf der Hand.

An die Spitze setzte sich ein Sohn von Anne Sabine Hedwiger, der als Graf Sponeck geadelt war und dem württembergischen Herrscherhaus in Stuttgart schon allein deswegen gefährlich wurde, weil er die französische Souveränität über alle Mömpelgarder Nebenlande anerkannte und diese sogar durch französische Hilfstruppen besetzen ließ. Es ist gewiß kein Zufall, daß Herzog Eberhard Ludwig von der Residenz Ludwigsburg aus den Bruder seiner Mätresse Wilhelmine, den Minister Grävenitz, nach Mömpelgard entsandte, um Ordnung in das beim Tod Leopold Eberhards 1723 wieder an die Stuttgarter Hauptlinie zurückgefallene Land zu bringen. Tatsächlich gelang es dem gewieften Grävenitz, die Stadt Mömpelgard mit Hilfe schnell bewaffneter Mömpelgarder Bauern in Besitz zu nehmen und den Grafen Sponeck zu vertreiben.

Gemessen an diesen Mömpelgarder Zuständen erscheint das Verhältnis Eberhard Ludwigs zu Wilhelmine von Grävenitz direkt brav und tugendhaft.

»Der Ball«, Gemälde von P. Marten (1575–1643)

Wilhelmine von Grävenitz – die Landesverderberin

Die ganze Spannbreite eines Mätressenlebens von der Femme fatale, der »Königin des Lasters und Verderbens«, bis zur tugendsamen Ehefrau wird deutlich in zwei der württembergischen Geschichte wohlvertrauten fürstlichen Mätressen: Wilhelmine von Grävenitz, der »Landesverderberin« und Franziska von Hohenheim, der »Landesmutter«. Zwei Extreme, was die moralische Akzeptanz und das Ansehen in der Gesellschaft ihrer Zeit, aber auch in der Geschichtsschreibung bis heute anbelangt.

Gemeinsam ist beiden Frauen – sieht man einmal davon ab, daß beide im 18. Jahrhundert lebten, die eine zu Beginn, die andere am Ende – zweierlei: Zum einen liebten sie ihren Fürsten und wurden aufrichtig »zurückgeliebt«. Beide Male handelte es sich um beglückende Beziehungen, die weit über das hinausgingen, was im allgemeinen zwischen Fürst und Mätresse »ablief«. An den europäischen Fürstenhöfen war eine mehr oder weniger offen gezeigte Mätressenwirtschaft im Zeitalter des Feudalismus absolutistischer Prägung verbreitet. Auch das von der Ehrbarkeit der Landstände und einem strengen Protestantismus geprägte »brave« Württemberg machte da keine Ausnahme.

Die Hofgesellschaft mit immer wieder neuen, unverbrauchten oder erfahrenen, raffinierten Frauen zu überraschen war zwar ein kostspieliger, aber beliebter Zeitvertreib der fürstlichen Herren im künstlichen, gezierten Rokoko. Und welche unternehmungslustige, ehrgeizige und schöne Frau hätte da nicht »mitspielen«, die Freuden der prachtvollen Hoffeste genießen, schöne Kleider und Schmuck tragen, hofiert werden von mächtigen Männern und so ganz nebenbei den einen oder anderen Vorteil im materiellen oder gesellschaftlichen Emporkommen mitnehmen wollen?

Doch echte Liebe, wahre Liebe anstatt Ware Liebe? Das war es, was die Umgebung von Fürst und Mätresse verunsicherte, allen voran die Ehefrau des Fürsten. Eine solch unerwartet tiefe Liebe und ehrliche Zuneigung zueinander treffen wir nun sowohl bei Wilhelmine von Grävenitz und Herzog Eberhard Ludwig als auch bei Franziska von Hohenheim und Herzog Carl Eugen.

Zum anderen wurden beide Mätressen zur Ehefrau ihrer Fürsten. Im Falle der Franziska zur allseits anerkannten, »genehmigten« Ehefrau, zumindest zu Lebzeiten des Herzogs, im Falle der Grävenitz hingegen zur angefochtenen Ehefrau, deren Ehe heimlich geschlossen und unter Zwang wieder annulliert wurde.

»Die« Grävenitz, das »Kebsweib des Herzogs« – mit ihrem Auftauchen am württembergischen Herzogshof im Jahr 1707 begann nicht nur die bemerkenswerte Karriere einer adligen Frau im 18. Jahrhundert, deren Schilderung uns ein farbenreiches Bild einer ganzen Epoche württembergischer Landesgeschichte vermittelt. Es begann eine staatserschütternde Liebesgeschichte, die ganz Europa fast ein Vierteljahrhundert lang in Atem hielt.

Die »Landesverderberin«, »dieses ruchlose und verrufene Mensch«, die »gefährliche Xanthippe«, »diese Person gewordene Schamlosigkeit«, von der man sich noch heute im Land erzählt, sie habe auf dem Höhepunkt ihrer Macht den damaligen Hofprediger Osiander gebeten, sie doch ins offizielle sonntägliche Fürbittgebet aufzunehmen, worauf Osiander mutig geantwortet haben soll, das tue er doch schon lange, indem er täglich bete »und erlöse uns von dem Übel«.

Wer war diese Frau? Woher kam sie? Und war diese »gottlose Grävenitz« tatsächlich so verdorben, so machtgierig, wie man ihr nachsagt? Zählten Frauen, die Mätressen wurden, wirklich zum schlechteren Teil der weiblichen Bevölkerung? Oder waren sie vielleicht – Moral hin, Sittlichkeit her – die klügeren und mutigeren, die nicht bereit waren, die ihnen als Frau zugeschriebene Rolle einer passiven Dulderin, eines Opfers der gesellschaftlichen Verhältnisse, zu spielen, in die sie hineingeboren wurden? Nicht bereit, als moralisch zwar geachtete, gesellschaftlich aber doch verachtete Gouvernante ihr Leben mehr schlecht als recht zu fristen. Nicht bereit, mit einem ungeliebten Ehemann eine Vernunftehe zu führen.

Welcher Weg blieb damals einer begabten, schönen, klugen Frau, die nun eben nicht durch Geburt eine einigermaßen akzeptable, ihr passende Position in der Hierarchie der Gesellschaft innehatte, einer Frau, die mehr und anderes wollte als sticken und Romane lesen, die vielleicht sogar politisch wirken und gestalten wollte? Welcher Weg? Der über den mächtigen Mann!

Einzig Künstlerinnen, Schriftstellerinnen, Sängerinnen, Schauspielerinnen und Tänzerinnen, ohnehin außerhalb der gesellschaftlichen Norm lebend, konnten die ihnen als Frau vorgezeichnete eingeschränkte Bahn verlassen und versuchen, ihr Leben selbst zu gestalten.

Marianne Pirker

Welch dorniger Weg das sein konnte, davon zeugt im Württemberg des 18. Jahrhunderts das Schicksal der begabten Sängerin Marianne Pirker. Vom Herzog selbst als gefeierte Sängerin ins Land geholt, umjubelt am Stuttgarter Hof, verlor sie ihre geachtete Stellung ebenso rasch, wie sie sie erobert hatte, als seriöse Künstlerin ebenso abhängig von der Gunst des Herzogs wie eine Mätresse.

In eine Intrige um die mit zahlreichen unbedeutenden Liebchen betrogene Ehefrau des Herzogs geraten, wurde sie als vermeintliche Komplizin der Herzogin in einem Gewaltstreich gefangengesetzt und schuldlos ohne Gerichtsverhandlung jahrelang auf den württembergischen Festungen Hohentwiel und Hohenasperg gefangen gehalten. Unter solch harten Bedingungen, daß die einst begnadete Sängerin ihre Stimme verlor. Eine gebrochene Künstlerin, ein zerstörtes Frauenleben, abhängig vom Wohl und Wehe eines mächtigen Mannes. Und dies als Fremde in einem Land, in dem die alteingesessenen Familien eine einflußreiche Macht darstellten und im Zweifelsfall schützend füreinander eintraten. Marianne Pirker hatte von dieser Seite keinen Schutz zu erwarten und wurde, wenngleich in ihrem Glanze einst von allen verehrt, im Elend von allen alleingelassen.

Vergleichbares war Jahre zuvor einer anderen Fremden widerfahren: Auch sie hatte Triumphe am herzoglichen Hof gefeiert, um später um so tiefer zu fallen. Auch sie hatte mit ihrer schönen Stimme bezaubert, im Unterschied zu der glücklich verheirateten Mutter und Profi-Sängerin Marianne Pirker jedoch außer ihrer Stimme durchaus andere Reize eingesetzt, um zu Ansehen und Reichtum zu gelangen.

Wilhelmine von Grävenitz

Eine aus dem gesellschaftlichen Nichts aufgetauchte Abenteuerin, wie man in Württemberg bald glauben machen wollte, war diese Wilhelmine keineswegs. Im Gegenteil, sie stammte sogar aus einer vornehmen Familie.

Am 4. Februar 1686 wurde Wilhelmine in Schwerin als Tochter des mecklenburgischen Kammerpräsidenten und Hofmarschalls Grävenitz geboren. Die heranwachsende Wilhelmine, deren Geschwister bereits auswärts »versorgt« waren, lebte mit ihrer verwitweten, verarmten Mutter im kleinen Provinzstädtchen Güstrow in Mecklenburg, wo sie sich ganz offensichtlich furchtbar langweilte. Die gesellschaftlichen Kreise, in denen sie sich bewegte, waren unbedeutend, der menschliche Umgang ihrem Fortkommen nicht gerade förderlich. Die Zukunft, die ihr als mittelloser, bald zwanzigjähriger und immer noch nicht verheirateter Halbwaise bevorstand, sah nicht gerade rosig aus, die Möglichkeiten, durch eine Heirat aus der Sackgasse herauszukommen, schienen gleich null.

Wer zeigte nicht Verständnis für das junge, lebenshungrige Mädchen, wenn es im kargen Zimmer eines schäbigen kleinen Bürgerhauses Gedanken hegte, wie sie in Marie Hays zwar historisch nicht gerade exaktem, dennoch sehr einfühlsamem Roman über Wilhelmine von Grävenitz »Eine deutsche Pompadour« beschrieben sind: »Lange Jahre an der Seite eines Pastors über langweilige Predigten gähnen, dicke, häßliche Strümpfe stopfend, in geachteter Stellung zwar – nein, nie! Ich will in weichen Kissen liegen, reiche, kostbare Gewänder tragen, tanzen ...«

Eine Ahnung von den angenehmen Seiten des Lebens, vom Schönen, ja Luxuriösen hat ihr wohl schon ihr Lehrer vermittelt, ein vom französischen Hof geflüchteter Musiker. Monsieur Gabriel war ein feingebildeter Mann, der seine Lieblingsschülerin Wilhelmine die französische Sprache und Literatur lehrte, sie im Tanzen ausbildete, ihr – wohl seine wichtigste Leistung – Orgelspielen beibrachte und eine solide Gesangsausbildung angedeihen ließ.

Wilhelmine soll eine »göttlich schöne, sehr tiefe Altstimme, weich und dunkel«, gehabt haben. Musik sei für sie »die einzige Form des Gebets«, soll sie einmal gesagt haben. Ihre Begabung für Musik ging einher mit einem untrüglichen Gefühl für alles Kunstvolle, ästhetisch Schöne. Besonders intensiv war ihr Gefühl für Farben und Farbharmonien ausgeprägt.

Im kleinen, ruhigen Güstrow konnte ihr Streben nach allem Schönen und Angenehmen, für das sie zweifellos mehr Sinn hatte als andere junge Frauen, keine Erfüllung finden. So mußte der Brief ihres Bruders Wilhelm, der die knapp Zwanzigjährige im Jahr 1705 aus Stuttgart erreichte mit der Aufforderung, zu ihm nach Württemberg zu kommen, wie eine Erlösung scheinen. Was hatte sie schon zu verlieren? Und was hingegen mit ein wenig Glück zu gewinnen!

So ging Wilhelmine auf die für eine junge Frau aus verarmtem Adel nicht unübliche Reise an den Fürstenhof eines anderen Landes mit dem Ziel, Fortune zu machen. Und es begann damit eine gänzlich unübliche Liebesgeschichte zwischen zwei Menschen, welche die Nachwelt noch heute beschäftigt und in den seltensten Fällen seither ein gerechtes, nicht einmal verstehendes Urteil fand.

Der unstete Herzog

Doch zunächst zu dem Mann, der ihr Schicksal werden sollte und für den sie ebenso von schicksalhafter Bedeutung war. Eberhard Ludwig, dessen frühe Jugend in die Jahrzehnte der kriegerischen Konfrontationen zwischen dem Kaiser in Wien und dem König von Frankreich fiel, die mit den verheerenden französischen Einfällen der Jahre 1688 bis 1693 in Württemberg ihren Höhepunkt erreichten.

Eberhard Ludwig, 1676 in Stuttgart als erster und einziger Sohn Herzog Wilhelm Ludwigs geboren, verlor bereits mit einem Jahr seinen Vater. Seine Erziehung war vom Gegensatz seiner Vormünder geprägt. Während die pietistische Mutter den Erbprinzen noch mit 16 Jahren geistliche Choräle dichten ließ, wurde er ein paar Schritte weiter im Schloß von »Domino und

Kartenspielen verlockt«. Eberhard Ludwigs absolutistisch gesonnener Onkel, der als Administrator im Land fungierte, suchte in Stuttgart eine glanzvolle Hofhaltung aufzubauen. Dieser Administrator wurde vom deutschen Kaiser 1693 praktisch abgesetzt, indem der noch nicht achtzehnjährige Eberhard Ludwig am 20. Januar 1693 für volljährig und damit regierungsfähig erklärt wurde.

Der junge Herzog nahm jedoch erst später unmittelbaren Anteil an der täglichen Regierungsarbeit. Nach Berichten des französischen Gesandten am württembergischen Hof war die beherrschende Eigenschaft Eberhard Ludwigs seine Oberflächlichkeit, die ihn jede ernsthafte Beschäftigung meiden und am Hof Zerstreuung und Unterhaltung suchen ließ. Auffallend war seine Unstetigkeit, die jede Verfolgung eines Ziels über längere Zeit hinweg unmöglich machte. »Des jungen Herzogs Geist war sehr wenig ausgebildet worden, er war voller Lust und Sinnlichkeit, aus Lüsternheit und Langeweile verlangte er immerwährende Abwechslung und Zerstreuung«, so ein gängiges Urteil seiner Zeit.

Besorgniserregend war zweifellos seine extreme Beeinflußbarkeit, für einen regierenden Herzog eine gefährliche Persönlichkeitsstruktur. Seine jeweilige Umgebung, der Hof und der Geheime Rat, bestimmten die Politik des Landes. Beeinflussen hätte ihn am besten eine Ehefrau können. Diese sollte sich jedoch als gänzlich ungeeignet dafür erweisen.

Einstweilen begnügte sich der »regierende« Herzog damit, andere regieren zu lassen. Den Geheimen Rat und allerlei Gestalten des Hofes, die es verstanden, sein Vertrauen zu ge-

Herzog Eberhard Ludwig von Württemberg (1677–1733) war der Gründer der barocken Residenz Ludwigsburg. Gemälde von A. Pesne

»Les Plaisirs du Bal«, Gemälde von A. Watteau, 1717

winnen. Zu diesen gehörte unter anderem ein gewisser Stafforst, der starke Mann in der Regierung, Geheimer Rat und seit 1693 Hofmarschall in Stuttgart. Er wußte sehr wohl, daß er seine einflußreiche Stellung nicht etwa dem Vertrauen und der Überzeugung des Herzogs zu verdanken hatte, sondern eher dessen komplettem Desinteresse an den Regierungsgeschäften.

Die Intrige

Es galt aus Stafforsts Sicht, den jungen Herzog weiterhin möglichst weitgehend von der aktiven Regierung fernzuhalten und ihn gleichzeitig weiter an seine Person zu binden. Was eignete sich in den Augen des Hofes dafür besser als die Bindung des jungen Mannes an eine Mätresse, natürlich eine von Stafforsts Gnaden.

Als Mittelsmann in der delikaten Angelegenheit wählte Stafforst den mecklenburgischen Offizier Wilhelm Friedrich von Grävenitz, der nach Absolvierung einer in Adelskreisen üblichen Kavalierstour durch die europäischen Höfe in Württemberg hängengeblieben war. Er wurde auf Empfehlung der Herzogin von Mecklenburg-Güstrow zum Kammerjunker des Herzogs ernannt; und er sollte seine knapp zwanzigjährige mittellose Schwester Christiane Wilhelmine Friederike dazu veranlassen, nach Stuttgart zu kommen. Alles übrige würde sich schon finden. Die Wahl Stafforsts war mit Bedacht auf die beiden Fremden gefallen, die keinerlei Rückhalt im württembergischen Adel besaßen und so am leichtesten von ihm, Stafforst, abhängig gehalten werden konnten.

Herzog Eberhard Ludwig hatte 1697 die Tochter des Markgrafen Friedrich VII. von Baden-Durlach, Johanna Elisabeth, geheiratet. Die beiden hatten sich offensichtlich wenig zu sagen, von einem positiven Einfluß der jungen Frau auf ihren unruhigen jungen Gemahl war nichts zu spüren. Im Gegenteil, man munkelte gar, der Herzog habe Johanna Elisabeth nur geehelicht, um auf diese Weise die attraktive Hofdame seiner Frau, ein Fräulein Friederike Auguste von Menzingen, in seine Umgebung zu ziehen. Jenes Durlacher Hoffräulein wurde jedoch bald die Ehefrau des Hofmarschalls von Stafforst, also galt es, eine andere Person zu finden, mittels derer man Einfluß auf den Herzog nehmen konnte.

Diese Aufgabe sollte Wilhelmine von Grävenitz zufallen. Sie, die Neue, Unbekannte, sollte als Mätresse aufgebaut werden, und daß dabei keine geringere als eine gewisse Madame Roth aus Oberhausen nahe dem katholischen Rottenburg behilflich war, schien erfolgversprechend. War sie doch die ehemalige Mätresse des Vaters von Eberhard Ludwig, von der man sich erzählte, sie habe auch dessen Sohn in die Geheimnisse der Liebe eingeführt.

Die Intrige gelang besser, als dem Initiator lieb war. Wilhelmine erschien 1706 in Stuttgart und wohnte zunächst bei Frau von Stafforst, die sie in ihre Obhut nahm und ihr zuerst einmal Kleider borgte, damit sie sich bei Hofe überhaupt zeigen konnte, denn Wilhelmine war ohne nennenswerte finanzielle Mittel in Stuttgart angekommen. Daß sich die Stuttgarter Intriganten mit der jungen Wilhelmine den richtigen Vogel eingefangen hatten, war schnell klar: eine erwartungsvolle, gerade erblühte junge Frau von schlanker Gestalt, mit der Anmut der Jugend, deren Unterhaltung lebhaft war, die Augen feurig und so faszinierend, daß sie selbst die kleinen Pockennarben vergessen ließen, welche in ihrem Gesicht zu finden waren, seit sie sich auf der Reise nach Stuttgart bei einem Zwischenaufenthalt in Berlin bei ihrer dort verheirateten Schwester Sittmann mit Pocken infiziert hatte, was ihre Ankunft in Stuttgart unerwartet verzögert hatte, da sie in Berlin die Krankheit erst einmal auskurieren mußte.

Ihre Einführung bei Hofe im gleichen Jahr durch Madame Stafforst erregte zunächst kein Aufsehen. Erst durch ihr Mitwirken in einer der häufig von der Hofgesellschaft aufgeführten Komödien verschaffte sie sich die Aufmerksamkeit des Herzogs, der zum damaligen Zeitpunkt noch seiner seitherigen Favoritin Madame von Geyling, einer wenig beliebten, stolzen und bereits etwas ältlichen Mätresse, anhing, die auf Wunsch vieler am Hofe entthront werden sollte.

Es muß Wilhelmines bezaubernde Stimme gewesen sein, welche den Herzog in ihren Bann schlug. Der Reiz des Unverdorbenen, den diese zwar nicht besonders hübsche, jedoch angenehme Erscheinung ausstrahlte. Wilhelmine erwies sich als gesellig, gewandt im Auftreten. Nicht nur der Herzog war von ihr angetan. Sie hatte sein Interesse nicht durch einen fulminanten ersten Auftritt geweckt. Die erste Begegnung zwischen beiden verlief im Gegenteil weit weniger spektakulär als von den Initiatoren der Intrige erwartet, dafür aber führte sie zu einem nicht vorhersehbaren Verlauf. Statt der üblichen Liebelei, statt Galanterien, leiblichen Liebesfreuden, berechnendem Liebesdienst und zu leistender Belohnung verschiedenster Art in Form von Geld, Geschenken oder Gewährung von politischer wie personeller Einflußnahme geschah etwas, was beide Beteiligten zuvor wahrscheinlich so nicht gekannt hatten: Es entstand eine echte Zuneigung und aufrichtige Liebe, die ein halbes Menschenalter anhalten sollte.

Die junge Frau, mit Zuneigung und Achtung seitens ihrer Umwelt bisher alles andere als verwöhnt, die die freundliche Aufnahme durch ihren Bruder, die Stafforsts und Madame Ruth schnell als trügerisch und berechnend durchschaut haben mag, sie fühlt sich – vielleicht zum ersten Mal in ihrem Leben – anerkannt, geachtet und geliebt. Und dies vom württembergischen Herzog, einem zum damaligen Zeitpunkt ausgesprochen attraktiven Mann!

Eberhard Ludwig

Der Neunundzwanzigjährige hatte eine militärische Karriere von Bravour vorzuweisen: 1704 war er General der Kavallerie, 1707 bereits Feldmarschall der schwäbischen Kreistruppen, und fünf Jahre später sollte er als Reichs-Generalfeldmarschall ranghöchster Feldherr des Deutschen Reiches werden. Sein »leutseliges und gebildetes Betragen gegen jedermann« wird von Zeitgenossen hervorgehoben. Der preußische Kammerherr von Polnitz schildert ihn als vollendeten Kavalier, als »Meister in allen ritterlichen Künsten, als trefflichsten Schützen, Reiter und Tänzer«. Noch als Fünfzigjähriger konnte er ein Gespann von acht »Rossen« allein und eigenhändig »regieren«.

Und dieser Mann zeigt Wilhelmine seine Liebe. Er holt sie in seine Nähe, sorgt dafür, daß der Kaiser sie zur Gräfin von Urach ernennt, was das Land 20000 Gulden kostet, und er erläßt ein Dekret am 15. November 1707, daß ihr von der Kammerschreiberei alljährlich eine Apanage von 10000 Gulden auszuzahlen sei. Auch zwei »Fräulein« erhält sie zu ihrer persönlichen Bedienung, denen »ebensoviel ausbezahlt werden sollte, als den Hoffräulein bei den fürstlichen Prinzessinnen in Weiltingen«, eine Geste, welche die gesellschaftliche Stellung Wilhelmines unterstreicht.

Versuche des Herzogs, Verunglimpfungen der Geliebten entgegenzutreten, sind bereits aus der Anfangszeit bekannt und mehren sich in den ersten Jahren der Beziehung. Im Januar 1708 geht ein »geschärftes Reskript« an die Geheimen Räte, das Räsonieren gegen den Herzog betreffend. Im Mai 1708 folgt ein weiteres Reskript, »das den Geistlichen im Lande alle unanständigen, ihnen nicht geziemenden und bei dem gemeinen Manne zu allerhand Impressionen Anlaß gebenden Partikularitäten auf die Kanzel zu bringen, ernsthaft untersagt werden sollen«. Zwei Monate später gibt Eberhard Ludwig »ein von der Landschaft eingekommenes irrespectuoses Scriptum, worin sie der Frau Gräfin von Grävenitz nicht einmal den Grafentitel geben und sie nur Madame von Grävenitz nennen« zurück. Bald darauf ergeht an den Geheimen Rat der Befehl, eine verschärfte Untersuchung gegen die beiden Diakone von Stuttgart, Frisch und Unkauf, anzustrengen. Man warf ihnen vor, von der Kanzel herab verächtliche Reden gegen den Herzog geführt zu haben, die zu widrigen Gedanken Anlaß geben könnten. Da dies offenbar nicht fruchtet, sieht sich der Herzog am 16. Oktober 1708 gezwungen, den Diakon auf eine Stelle außerhalb der Residenz versetzen zu lassen; Diakon Unkauf erhält die Nachricht, daß man ihm, wenn er außer Landes Dienste suchen würde, »dazu beforderlich sein wollen«.

Ein Jahr später setzt sich der Herzog gegen die Buchdrucker in Stuttgart zur Wehr. Sie sollen sich bei Verlust ihrer Ehre und Konfiskation ihres Vermögens »unterstehen, allerhand Sachen vom Herzog und der Frau Gräfin in die öffentliche Zeitung zu drucken und in die Welt hinausgehen zu lassen«.

Die Verfemte

Was waren das für »allerhand Sachen vom Herzog und der Frau Gräfin«? Keine Gestalt der württembergischen Landesgeschichte ist derart verunglimpft worden wie Wilhelmine von Grävenitz. Und dies bis zum heutigen Tage. Einen Höhepunkt erreichen die Verleumdungen in Schriftstücken aus der Zeit des Dritten Reiches, als in einer beispiellosen Hetzkampagne die »gottlose Grävenitzin« in einen historisch zwar völlig falschen, ideologisch jedoch passenden Zusammenhang mit »Jud Süß« gebracht wird, dem ebenfalls in der württembergischen Geschichte schlecht angesehenen Josef Süß-Oppenheimer, Finanzmakler des Nachfolgers von Herzog Eberhard Ludwig,

Carl Alexander. Den Namen Grävenitz beeilen sich die Nationalsozialisten allerdings in ihrem Pamphlet über die Grävenitz und »Jud Süß« reinzuwaschen: er habe längst wieder »einen vorzüglichen Klang«.

Während »Jud Süß« heute von der Geschichtsschreibung weitgehend rehabilitiert ist, steht eine Korrektur des Geschichtsbildes von Wilhelmine von Grävenitz noch aus. In der »Allgemeinen Deutschen Biographie« von 1968 erhält sie unter dem Stichwort »Grävenitz« nicht einmal einen eigenen Text. Die Rede ist vielmehr von ihrem Bruder Wilhelm, sie selbst findet lediglich als böse Schwester Erwähnung!

Sieht man sich die Anschuldigungen und Vorwürfe gegen Wilhelmine von Grävenitz genauer an, so fühlt man sich an Rufmordkampagnen erinnert, wie sie auch heute noch an der Tagesordnung sind: Legion sind die meist nicht beweisbaren Anschuldigungen unter der Gürtellinie, denen das Opfer hilflos ausgesetzt ist. Es scheint gar aussichtslos, mit Urteilen und Gerüchten längst vergangener Zeiten aufräumen zu wollen, wenn selbst heute dem Opfer eines Rufmordes angesichts einer skandalgierigen Öffentlichkeit selten eine Chance zur Rehabilitation bleibt.

Wenn schon die einseitige und spärliche Quellenlage einer Beurteilung der »Maîtresse en tître« von Eberhard Ludwig im Wege steht, so sollte doch der Versuch nicht des Verzeihens, sondern des Verstehens gemacht werden. Nicht nur um dieser einen Frau willen, im Namen unzähliger berühmter wie vergessener Frauen, die mit der Bezeichnung »Mätresse« stigmatisiert wurden und deren Verdienste und Qualitäten deshalb völlig verkannt, ja gar nicht erst erkannt werden.

Mehr als zwanzig Jahre übte Wilhelmine von Grävenitz in Württemberg ihren Einfluß aus, bevor der Herzog ihr seine Gunst entzog. Dennoch existieren von ihr und über sie aus der Zeit vor ihrem Sturz kaum Dokumente, Briefe oder persönliche Gegenstände. Nicht einmal ein Bild von ihr ist zu finden. Das einzige Bildnis, das uns eine Vorstellung von ihrem Äußeren gibt, ist eine Miniatur, von der allerdings nicht einmal ganz sicher ist, ob sie tatsächlich die Grävenitz darstellt. Daß Wilhelmine bei ihrer Verhaftung Dokumente vernichtete und ihre Freunde angeblich Briefzeugnisse in den Fluß warfen, reicht nicht als Erklärung dafür, daß restlos alle Wertsachen und Schriftstücke verschwunden sind. Es ist, als habe man mit der Beseitigung all dessen die Erinnerung an jene Frau löschen wollen – und damit letztlich auch verhindert, »die Grävenitz« jemals in einem anderen, besseren Licht erscheinen zu lassen. Es ist bezeichnend, daß die meisten Anschuldigungen und konkreten Vorwürfe gegen Wilhelmine persönlich erst nach ihrem offiziellen Sturz auftauchen. Erst nachdem sie vom Herzog verstoßen worden ist, treten die merkwürdigsten Gestalten auf und geben allerlei tatsächliche oder angebliche Vergehen Wilhelmines zu Protokoll.

Schon bald nach ihrem Erscheinen am württembergischen Hof kommt ein Gerücht auf, das sich bis zum Ende der Ära Grävenitz auffallend hartnäckig hält. Die Gräfin sei eine Hexe, sie sei der Zauberei mächtig, der Magie verfallen. Es ist bekannt, daß sie allerlei Rezepte für Kräutermischungen gegen die unterschiedlichsten Leiden kannte, wohl Hausmittelchen aus ihrer Kindheit in Mecklenburg, im Württembergischen

Reichsgräfin Christiane Wilhelmine Friederike von Würben, geborene von Grävenitz (1686–1744). Die um 1730 entstandene Miniatur, die sich heute im Besitz des Württembergischen Landesmuseums befindet, ist vermutlich das einzige erhaltene Porträt der Mätresse des württembergischen Herzogs Eberhard Ludwig.

vielleicht unbekannt und daher verdächtig. Ihr Wissen um die Heilkraft von Kräutern wurde ihr ausgelegt als Versuch, Liebestränke und Giftelixiere zu mischen und den Herzog zu »verhexen«.

Man munkelt, sie habe sich der Folgen eines Liebesverhältnisses vor ihrer Zeit in Württemberg mit Hilfe eines Zaubertranks entledigt. Viel wahrscheinlicher als die Abtreibung einer Leibesfrucht ist wohl der Versuch, sich ganz anderer unangenehmer Folgen der Liebesfreuden mit Hilfe von Heilkräutern zu entledigen. Und nötiger, als durch Liebeszauber an Wilhelmine gebunden zu werden, waren dem Herzog sicherlich Kräutermixturen und Salben zur Behandlung syphilitischer Erkrankungen. Möglicherweise erklärt sich die Kinderlosigkeit der Wilhelmine von Grävenitz – ebenso wie die von Franziska von Hohenheim, der anderen berühmten Mätresse Württembergs im 18. Jahrhundert, die bezeichnenderweise an einem unheilbaren Unterleibsleiden verstarb – als Folge einer syphilitischen Erkrankung.

Gerüchte über zwei angeblich totgeborene Kinder der Grävenitz sind bis heute nicht verstummt. Die einen munkeln, sie seien im Gärtchen des 1728 errichteten Palais Grävenitz in der Ludwigsburger Marstallstraße »vergraben«, andere behaupten, die Kindergräber seien in den Gartenanlagen des Residenzschlosses zu suchen. Bewiesen ist dies ebensowenig wie der Spuk der »Weißen Frau« aus dem Gefolge der Grävenitz, die von Zeit zu Zeit im Ludwigsburger Schloß ihr Unwesen treiben soll. Im Grävenitzpalais dagegen, so erzählt man sich, geht noch heute der Schatten der Grävenitz um.

Daß Wilhelmine eine faszinierende Persönlichkeit gewesen sein muß, steht außer Zweifel. Mit ihrer großen Ausstrahlungskraft schlug sie die Menschen in Bann, ihr starker Wille und ihre sprechenden Augen »bezauberten« im besten Sinne des Wortes. Als besonders auffallend wird ihr schöner Gang, ihre Art, sich zu bewegen, geschildert. Selbst daß sie anmutiger ging als die übrigen Frauen bei Hofe, konnte nicht mit rechten Dingen zugehen. Wilhelmine wurde gar bezichtigt, auf die Herzogin und rechtmäßige Ehefrau Eberhard Ludwigs einen Giftmordanschlag geplant zu haben – ein Vorwurf, der wie viele weitere, die noch folgen sollten, nie bewiesen wurde.

Die doppelte Ehe

Daß Wilhelmine ein Faktor war, mit dem man in der herzoglichen Familie und, wichtiger noch, am Hofe und in der Regierung des Landes zu rechnen hatte, war bald klar. Im Falle der jungen Mecklenburgerin ließ es der Herzog nicht bei den üblichen Gunstbeweisen gegenüber einer »Maîtresse en tître« bewenden. Am 13. November 1707 ließ er seinen Geheimen Rat nach Urach kommen und teilte ihm mit, er habe sich im Juli desselben Jahres im württembergischen Weiler Oberhausen bei Bodelshausen mit Christiane Wilhelmine von Grävenitz »kirchlich zur rechten Hand« trauen lassen. Und er verlangte von dem völlig überrumpelten Geheimen Rat die Unterzeichnung des Ehevertrags, der unter anderem Wilhelmine jährlich 10 000 Gulden zusicherte und die Apanagen für eventuelle Kinder festsetzte. Wer dem Ehevertrag seine Unterschrift verweigerte, dem drohte Entlassung.

Das Unerhörte daran war nicht, daß ein Herzog sich zu seiner Mätresse bekannte, auch schriftliche Eheversprechen, die allerdings selten oder nie eingehalten wurden, existierten des öfteren. Ungewöhnlich war auch nicht, daß ein Herzog eine morganatische, also nicht standesgemäße Ehe schloß, aus der eventuell hervorgehende Kinder keinen Anspruch auf eine Thronfolge hatten. Das Ungeheuerliche an der Geschichte war die Tatsache, daß Eberhard Ludwig unter Gefährdung seiner Stellung und Freiheit auf einer Doppelehe bestand, als seine ihm 1697 angetraute rechtmäßige Ehefrau, die in Stuttgart residierende Johanna Elisabeth, die Scheidung verweigerte. Das war Bigamie, und Bigamie konnte vom Kaiser mit Acht und Absetzung geahndet werden!

Der Herzog stieß im ganzen Land auf geschlossenen Protest, auf Wut und Empörung. Widerstand formierte sich, erwies sich bald als problematischer denn vermutet.

Der Landesherr war in Württemberg zugleich Oberhaupt der Kirche. Die Prälaten waren bei Amtsantritt jedoch die Verpflichtung eingegangen, beim Reich nie Klage gegen ihr Staats- und Kirchenoberhaupt zu erheben, um Außenstehenden keine Handhabe für Einmischungen in innere Angelegenheiten des Landes zu liefern. Als ein Hofkaplan Eberhard Ludwig das Abendmahl verweigerte, wurde er vom Herzog sofort entlassen. Auch ein Pfarrer Kornbeck aus Neckarweihingen klagte an: In einem Flugblatt beschuldigte er den Herzog der Bigamie. Seine sofortige Entlassung war die Folge.

Der Herzog begründete seine Haltung so: »Ich bin Papst in meinem Lande und niemand anders als mir selbst Rechenschaft schuldig. Ein lutherischer Fürst ist in Gewissensfällen nur Gott verantwortlich.« Und auf die bald einheitlich vom Konsistorium verhängte Verweigerung des Abendmahls gegen den Bigamisten drohte der protestantische Herzog mit Konversion. Gerüchte über des Herzogs angeblichen Übertritt zum katholischen Glauben für den Fall, daß seine erste Ehe nicht annulliert würde, drangen bis nach Rom.

Auch die Landstände suchten die Bigamie-Affäre des Herzogs für sich zu nutzen, um seit Jahren verlorengegangenes Terrain wiederzuerlangen. Kompromißbereitschaft signalisierten sie ihrem sündigen Landesherrn in einem Schreiben vom 18. Februar 1708: Er möge »doch um Gottes Willen bedenken, mit welch großem Ärgernis, Seufzen und Betrübnis sein ganzes Herzogtum und alle darin wohnenden redlich gesinnten Herzen diese Doppelehe empfinden«. Die Geheimen Räte widersetzten sich – und wurden entlassen, einschließlich Stafforsts, den seine eigene Intrige eingeholt hatte. Die junge Frau, die er als Werkzeug ausersehen hatte, hatte den Spieß umgedreht und ihn zum Verlierer gemacht. »Geheime Räte und nicht Vormünder und Hofmeister haben wir uns bestellt«, schleuderte der Herzog seinen Geheimen Räten entgegen.

Die Liebesaffäre des Herzogs drohte zur Staatskrise zu werden. Warnungen verschiedener deutscher Fürsten an Eberhard Ludwig verhallten ungehört. Da griff der Kaiser ein. Aufgrund der von der Herzogin Johanna Elisabeth und ihrem Vater, dem Markgrafen von Baden-Durlach, eingereichten Klage drohte er Eberhard Ludwig eine Absetzung als Herzog von Württemberg an. Um dem zu entgehen, lenkte Eberhard Ludwig ein. Er willigte am 22. Juli 1708 in eine Ungültigkeitserklärung seiner zweiten Ehe ein. Wilhelmine wurde vom Kaiser verbannt, verließ Württemberg und begab sich in die Schweiz, nicht ohne sich vorher finanziell großzügig absichern zu lassen.

Die jetzt vermeintlich Schwache lieferte ein Meisterstück der Verhandlung und holte für sich ein Maximum an Abfindung für ihre angebliche Abdankung als Herzensdame des Landesherrn heraus: 50 000 Gulden schmerzten die Landschaft sehr, mehr noch jedoch der Gedanke daran, wie diese Frau das Geld in ihrem neuen Zuhause auszugeben trachtete. Keineswegs nämlich war sie gewillt, von dem geliebten Mann zu lassen. Der Herzog war ohne sie nicht mehr zu leben imstande. Die Trennung tue ihm »so wehe, als ob man ihm die Seele vom Leib risse«, klagte er und eilte, die Seele einzufangen. Sein Land überließ er seinem Schicksal und reiste der Liebe in die Schweiz nach, um erst zwei Jahre später wieder nach Württemberg zurückzukehren.

Ob nach diesen Jahren, welche die beiden in Genf und Bern zubrachten, die finanzielle Abfindung der Grävenitz verpraßt war – was unwahrscheinlich ist angesichts der Klugheit der Grävenitz, die das Geld zweifellos zumindest zu einem Teil gut angelegt hatte. Ob dem Herzog angesichts der Pflichten, die er zu Zeiten des spanischen Erbfolgekriegs als kaiserlicher General und somit sein Land als Geldgeber zu erfüllen hatte – 15 Millionen Gulden hatte der Krieg die Württemberger bereits gekostet –, das Gewissen schlug oder ob er angesichts eines schon als Kind kränklichen Sohnes und Erbfolgers zur Sicherung seiner Dynastie und Erbfolge 1710 wieder nach Württemberg zurückkehrte, sei dahingestellt.

Wilhelmine von Grävenitz, Gräfin von Urach, unterschrieb jedenfalls am 15. November 1710 einen Revers, in dem sie sich mit der Lösung ihrer Ehe einverstanden erklärte und erhielt einen Schutzbrief des Kaisers, in welchem dieser sich für ihre Sicherheit verbürgte. Damit hätte die Liebesaffäre des Herzogs beendet sein sollen. Nicht jedoch mit einer Wilhelmine von Grävenitz.

Daß der Herzog unter der Trennung von der geliebten Frau litt, konnte nicht verborgen bleiben. Vielleicht war ihm erst in der Distanz zu Wilhelmine bewußt geworden, wie sehr er sie liebte, brauchte und vermißte. Und was sie ihm bedeutete. Vielleicht spürte er gerade in der erneuten Nähe seiner rechtmäßigen Gattin Johanna Elisabeth die Welten, die ihn von ihr trennten.

Die geistige Enge und Freudlosigkeit, die Johanna Elisabeth im alten, dunklen Schloß von Stuttgart umgaben, das eher einer gefängnisartigen Trutzburg zu gleichen schien denn der Residenz eines aufstrebenden Herzogtums, mußte den Herzog bedrücken. Zugeschnürt wie eine Festung erlebte der neunundzwanzigjährige, kraftstrotzende und lebenshungrige Eberhard Ludwig seine kränkelnde Gattin, die fromm bis zur Bigotterie war. Daß Johanna Elisabeth von der Natur nicht gerade mit Schönheit geschlagen war, mag er weniger störend empfunden haben als die traurig-düstere Atmosphäre, welche die immer-

Herzogin Johanna Elisabeth von Württemberg (1680–1757). Die Tochter des Markgrafen Friedrich VII. von Baden-Durlach wurde 1697 mit Eberhard Ludwig vermählt.

Das Alte Schloß in Stuttgart. Wie auf dieser um 1830 entstandenen Lithographie dürfte das Schloß ausgesehen haben, als Johanna Elisabeth hier residierte.

hin nur drei Jahre jüngere Herzogin um sich verströmte. Zweifellos war sie durch die vielen Kränkungen, die sie im Laufe der Jahre von Eberhard Ludwig erfahren mußte und vor der Öffentlichkeit nicht verbergen konnte, verbittert und verdiente Mitgefühl. Die Verbitterung als ständigen Vorwurf zur Schau zu tragen, ja jene negative Lebenshaltung geradezu jedem zu vermitteln, war jedoch bestimmt die schlechteste Strategie, einen Mann wie den Herzog zurückzugewinnen.

Was für eine herrliche Welt hingegen offerierte die lebhafte, allen Freuden des Lebens zugeneigte Wilhelmine! Allem Schönen gegenüber zeigte sie sich aufgeschlossen. Mit ihr konnte man Feste feiern, tanzen, trinken, sie war gesellig und zog die Menschen mit geistreichen Gesprächen in ihren Bann. Sie bewies Geschmack und Einfallsreichtum in ihrer Kleidung ebenso wie bei der Gestaltung von Hofbällen und dem Arrangieren von Festen. Mit ihr wollte der Herzog die glänzende Hofhaltung verwirklichen, die er seiner politischen Machtstellung innerhalb des Reiches für angemessen hielt. Die Art der Repräsentation des württembergischen Hofes war nicht nur im Vergleich mit dem großen Vorbild Versailles, sondern auch im Vergleich mit den übrigen Höfen Europas im Zeitalter des Barock mehr als dürftig.

Württemberg war nach dem Ende des Dreißigjährigen Kriegs ausgeblutet und verarmt, die Bevölkerung ausgehungert und dezimiert, die Sitten verroht. Zwar waren ein halbes Jahrhundert später die wichtigsten Lebensfunktionen des Landes wiederhergestellt, das geistige Leben aber war nahezu gänzlich reduziert auf ein religiös geistliches Leben. Das galt auch für den Hof in Stuttgart; eine Verfeinerung von Lebensart, Kultur und höfischen Sitten stand aus. Dazu fehlte es Eberhard Ludwig jedoch an einem klaren, geistig-literarischen Bildungsgrund. Er sei, so klagte er, wie andere fürstliche Kinder am Hofe »mit allerhand amoratorischen Diskussionen in seiner zarten Jugend verführt und corrumpieret« worden, von französischen »Menuettern«, »papistischen«, das heißt wohl italienischen, Hof- und Tanzmeistern.

Für die junge Herzogin hätte dies nun eine außergewöhnliche Herausforderung sein können. Sie hätte den Hof zu einem geselligen und kulturell anregenden Mittelpunkt machen, Musik, Theater, Festkultur pflegen, eine entsprechende repräsentative Hofhaltung heranbilden und ihrem Mann so nicht nur im privaten, sondern auch im politischen und öffentlichen Leben eine wichtige Partnerin sein können. Doch das wollte oder konnte Johanna Elisabeth nicht leisten.

Wer wollte es Eberhard Ludwig verübeln, wenn er sich an der Seite einer anderen, attraktiven Frau an die Verwirklichung seiner Vorstellung von einer glänzenden Hofhaltung machte? Der Grundstein zu einem neuen Schloß, welches das Alte Schloß in Stuttgart ablösen sollte, dem Ludwigsburger Schloß 14 Kilometer nördlich von Stuttgart, war bereits gelegt worden, bevor Wilhelmine von Grävenitz auftauchte. Mit dem Bau des Barockschlosses von Ludwigsburg sollte Eberhard Ludwig an die große europäische Architekturentwicklung der Zeit anschließen. Daß ihm die Trennung von Wilhelmine nach der erzwungenen Lösung der Ehe schwerfiel und er sie auch als Gesprächspartnerin und geschmackvolle Beraterin bei der Planung und Ausgestaltung des Schlosses in Ludwigsburg vermißte, ist nur allzu verständlich.

Sichtbares Zeichen seines Trennungsschmerzes, aber auch seiner Liebe zu ihr ist ein Deckengemälde in seinem Appartement im Ludwigsburger Schloß, das er mit vier Allegorien unglücklicher Liebe aus der Antike bemalen ließ. Am Rande sei hier vermerkt, daß die Vermutung, die Frauengestalt auf dem Deckengemälde im Gardesaal des Alten Corps de Logis im Ludwigsburger Schloß mit den dargestellten Insignien der Macht stelle Wilhelmine von Grävenitz dar, nicht zu beweisen ist.

Wilhelmine von Grävenitz bedeutete dem Herzog in vielen Dingen weit mehr als eine Mätresse. Ungewöhnlich persönliche Töne für das beginnende 18. Jahrhundert klingen an, wenn der Herzog schreibt, es sei, als risse man ihm die Seele aus dem Leib, nehme man sie von ihm. Sollte der politische Druck seitens des Kaisers und der Fürsten, seitens der Evangelischen Kirche und der Landstände tatsächlich stärker sein als die Liebe? Selbst der so nüchtern und realistisch denkende Geheime Rat Freiherr von Forstner täuschte sich, wenn er an eine »vorübergehende törichte Liebe« glaubte. Die Ära Grävenitz war mit der Eheverzichtserklärung von 1710 und der Rückkehr des Herzogs nach Württemberg noch nicht zu Ende. Im Gegenteil, sie sollte erst beginnen.

Deckengemälde im Gardesaal des Ludwigsburger Schlosses. Die zentrale Frauenfigur stellt nicht – wie von Zeitgenossen gemutmaßt – die Grävenitz dar.

Die Landhofmeisterin

Anfang 1711 tauchte Wilhelmine von Grävenitz als Landhofmeisterin Würben und damit als Gattin des ranghöchsten Beamten am Hofe in Württemberg wieder auf. Was war geschehen?

Der Herzog hatte in dem Juristen Dr. Heinrich Schütz, seines Zeichens Resident der Hansestädte in Wien, einen findigen Kopf aufgetan, dem es durch Schlauheit, Verhandlungsgeschick und Ideenreichtum gelungen war, für Wilhelmine eine Scheinehe zu arrangieren. Johann Franz Ferdinand Graf Würben, ein ältlicher, von Schuldenprozessen geplagter Witwer aus der schlesischen Linie eines böhmischen Geschlechts, zeigte sich mit Freuden willig und bereit, am 10. November 1710 »unter gewissen abgeredeten Bedingnussen« einen Heiratsvertrag zu unterzeichnen, der ihm ein Handgeld von 20 000 Gulden, die Ernennung zum Landhofmeister sowie Geheimrats- und Kriegsratspräsidenten samt 8 000 Gulden Besoldung jährlich zusicherte. Dafür verzichtete der alte Herr gern auf seine ehelichen Rechte, und da er sich ohnehin lieber an den Spieltischen von Wiener Etablissements aufhielt als am Schreibtisch, legte er auf die Ausübung seiner hohen Ämter am württembergischen Hof keinen Wert. Als er 1720 starb, fiel das keinem besonders auf.

Um so eifriger erfüllte die nunmehr verehelichte Gräfin von Würben alias Wilhelmine von Grävenitz ihre Pflichten als Landhofmeisterin. Als Gattin des ranghöchsten Beamten nahm sie ihren Wohnsitz in Stuttgart und ihrer Position gemäß am württembergischen Hof die höchste Stellung ein, die einer nicht zur Herrscherfamilie gehörigen Frau zustand.

Vom offenkundigen Affront dieser Rückkehr war am Hofe nicht nur die Herzogin schockiert. Die Herzoginmutter zog sich krankheitsbedingt vom Hofleben mehr und mehr zurück und verstarb 1712. Die einunddreißigjährige Johanna Elisabeth gab den Kampf gegen die Mätresse, den sie eigentlich auch früher, von Giftmordanschuldigungen und ähnlichem einmal abgesehen, nie wirklich konsequent oder gar klug geführt hatte, auf und mied öffentliche Auftritte. Willenlos und wie gelähmt fügte sie sich in ihr trauriges Schicksal.

Die sechs Jahre jüngere Landhofmeisterin dagegen brillierte bei Hoffesten und Empfängen in ihrer Rolle als charmante Gastgeberin an der Seite des glücklichen Herzogs. Hätte sie sich damit begnügt, wären letztendlich wohl auch die frömmsten Gegner mit dieser Liaison einverstanden gewesen, zumindest nach einigen Monaten oder Jahren. Doch eine Grävenitz wollte mehr – und sie konnte auch mehr! Feste zu arrangieren, Ideen und Pläne zum Schloßneubau in Ludwigsburg zu entwickeln, das war wohl ganz amüsant, doch füllte sie so etwas nicht aus. Typische Frauenbeschäftigungen wie Mode, Musizieren, Romane lesen berührten sie nur am Rande.

Wilhelmine war am Regieren interessiert. Wäre sie ein Mann gewesen, hätte sie mit ihren zweifellos großen intellektuellen Fähigkeiten, ihrer starken Persönlichkeit, ihrem Ehrgeiz und ihrer Hartnäckigkeit eine entsprechende hohe Position an irgendeinem Hof erringen können, geachtet und anerkannt, und ohne den »Weg durchs Bett« gehen zu müssen. So blieb ihr nur der Weg über den mächtigen Mann. Daß sie diesen Mann liebte, war ihr sicherlich willkommen, für ihr weiteres

Vorgehen zur eigenen Absicherung ihrer Position jedoch nebensächlich.

Was nun folgte, war der beeindruckend konsequente Aufstieg einer Mätresse, wie er vergleichbar nur in wenigen Fällen gelungen ist. Wilhelmine von Grävenitz kann sich im Verhältnis zur Größe und Bedeutung des Landes durchaus mit der Machtausübung und Machterhaltung einer Madame Pompadour oder einer Maintenon am französischen Königshof messen.

Eine deutsche Pompadour

Wilhelmine übte ihren Einfluß auf die Regierungsgeschäfte zunächst unauffällig aus. Da sie als charmante Gesprächspartnerin und Gastgeberin allseits geschätzt war und Menschen mühelos in ihren Bann zu ziehen verstand, bot es sich an, diese Fähigkeiten im Falle schwieriger Verhandlungen einzusetzen, und so wurde sie dem Herzog bald unentbehrlich, zunächst als eine Art »Katalysator« zur Schaffung eines angenehm-günstigen Verhandlungsklimas, später als eigenständige Verhandlungsführerin. Wilhelmine war ausgestattet mit den nötigen Entscheidungsbefugnissen, vor allem aber mit Verhandlungsgeschick und diplomatischem Gespür, das schwierige Situationen überspielen half. Vermutlich sprach sie auch ein sehr viel besseres Französisch als die durch die Lateinschulen und das Studium der alten Sprachen hindurchgegangenen württembergischen Hofbeamten.

Schon im Jahr 1711 führte sie die württembergisch-französischen Geheimverhandlungen über eventuelle territoriale Erweiterungen und eine Rangerhöhung Württembergs. Umsonst oder gar aus hehrer Vaterlandsliebe allerdings wollte die Landhofmeisterin nicht arbeiten. So verlangte sie für ihre Vermittlertätigkeit zwischen Frankreich und Württemberg im Jahr 1711 die enorme Summe von 500 000 Gulden – von Frankreich wohlgemerkt!

Auch auf anderen, nicht materiellen Honorierungen ihrer Leistungen bestand sie. Daß sich im preußisch-württembergischen Vertrag der preußische König bereit erklärte, der Landhofmeisterin und ihrer Familie im Notfall Asyl zu gewähren, sollte sich später als lebensrettend für sie erweisen. Auch ihr Bruder Wilhelm von Grävenitz und Freiherr von Schütz handelten in württembergischen Diensten nicht uneigennützig, sondern holten bei Verhandlungen allerlei Vorteile für sich selbst heraus. So suchten sie sich beispielsweise für den Fall des Todes ihres Herzogs beziehungsweise ihres jederzeit möglichen Sturzes durch die Aufnahme in die Reichsritterschaft oder durch Schutzbriefe des Kaisers abzusichern.

Den Höhepunkt ihrer Macht hatte Wilhelmine von Grävenitz zweifellos mit ihrer Aufnahme als ordentliches Mitglied in das »Geheime Cabinett« 1717 erreicht. Dieses Geheime Cabinett war die höchste Aufsicht über alle Justiz-, Finanz- und Gnadensachen. Ob Wilhelmine diesem Geheimen Cabinett tatsächlich offiziell präsidierte, ist nicht erwiesen. Inoffiziell war sie ganz bestimmt die Chefin. Sie interessierte sich sehr für diese Arbeit, und sie arbeitete bienenfleißig.

An Fleiß und Ausdauer in Regierungsangelegenheiten hat Wilhelmine von Grävenitz den Herzog sicher übertroffen, dem es hochwillkommen gewesen sein dürfte, daß solch lästige Dinge wie Aktenstudium, Briefe schreiben und dergleichen von einer ihm nahestehenden Person zuverlässig erledigt wurden. Ob sie seinen Untertanen Unrecht tat, interessierte den absolutistischen Herrscher wenig, und daß während der Ära Grävenitz ein allumfassender Geheimdienst und ein Spitzelwesen entstanden, bei dem keiner dem anderen mehr trauen durfte, konnte er aus seiner Sicht nur gutheißen.

Wilhelmine von Grävenitz, vor allem ihr Bruder, der Premierminister, aber auch Freiherr von Schütz machten gewiß keine schlechtere Politik als ihre Amtsvorgänger oder Nachfolger. Im Gegenteil. Außen- wie innenpolitisch zeichnete sie sich durch Kontinuität aus. Nach langen Kriegsjahren erlebte Württemberg ab 1714 eine vergleichsweise lange Phase der Ruhe und des Friedens. Die Sicherstellung und Finanzierung eines stehenden Heeres – des ersten in Württemberg – war eine der herausragenden Leistungen.

Ein Glanzstück absolutistischer Innenpolitik war mit der faktischen Ausschaltung der Landstände geliefert. Die Einflußnahme und Entscheidungsbefugnis der Landschaft wurde auf Ausschußtage reduziert und die Landschaft so in den landesherrlichen Verwaltungsapparat integriert, daß sie keine eigenständige Macht mehr darstellte und politisch bedeutungslos wurde. Der Verabsolutierung des Herrscheranspruchs diente letztlich auch eine gegenläufige Politik: Eine neue Kommunenordnung verschaffte den leichter beeinflußbaren Dörfern mehr

Rechte. Damit sollte der Widerstand der städtischen Ehrbarkeit gegen die herzogliche Politik gebrochen werden. Die Versuche, Handel und Handwerk, Manufakturen und Bergwerke zu fördern, ein Tabak- und ein Salzmonopol, ein württembergisches Postwesen, ja sogar eine Lotterie einzuführen, sind anzuerkennen, auch wenn sie dem rohstoffarmen Agrarland wenig Erfolg brachten.

Unbeliebte Steuererhöhungen mit dem Ziel, die Einnahmequellen des Staates zu mehren, sind nicht speziell der Ära Grävenitz anzulasten. Die steuerliche Überlastung der Untertanen war im Zeitalter des Feudalismus, unter der Regie absolutistischer Herrscher, ein übliches Mittel, etwa um den Bau prachtvoller Schlösser zu finanzieren. Das Kammergut mußte zwar für all die Ausgaben zugunsten der Wilhelmine von Grävenitz weitgehend verpfändet werden, doch der Herzog konnte hierüber ohnehin frei verfügen und hätte einen Großteil des Geldes auch ohne Mätresse für den Bau von Schlössern verwendet. Hätten in jener Zeit andere Günstlinge regiert, hätten sie sich vermutlich ebenso bereichert, wie die Grävenitz-Schützlinge dies getan haben. Die Unstetigkeit und Beeinflußbarkeit des Herzogs Eberhard Ludwig hätte Württemberg durchaus auch eine häufig wechselnde Günstlingsherrschaft bescheren und das Land weitaus mehr destabilisieren können als eine einzige Günstlingsgruppe, die immerhin ein Vierteljahrhundert lang beständig regierte.

Vielleicht hätten die Württemberger es ertragen, wenn Wilhelmine von Grävenitz allein an der Seite des Herzogs regiert hätte, mit Rangerhöhungen, Ländereien und anderen Beloh-

Jeanne Antoinette Poisson, Marquise de Pompadour (1722–1764), Gemälde von C. van Loo, um 1760

Grävenitzzimmer im Ludwigsburger Schloß

nungen bedacht worden wäre. Eine »Kollegin« im benachbarten Frankreich handelte da klüger. Sie versorgte ihre Günstlinge zwar mit Geld, nicht jedoch mit einflußreichen Positionen. Und konnte sich prompt als Kulturpolitikerin und Ratgeberin auch dann noch halten, als sie längst nicht mehr die Herzensdame des Königs war: Madame Pompadour.

Daß Wilhelmine von Grävenitz in aller Offenheit ihre Schützlinge, zum großen Teil aus der eigenen Familie, auf Schlüsselstellungen der Macht im Land setzte und bewährte württembergische Landsleute rücksichtslos ausschaltete, das hat man ihr verübelt. Und ausgerechnet ihre Günstlinge und Schützlinge sollten es ihr nicht einmal danken, als sie selbst deren Hilfe brauchte.

Die Günstlinge

Keineswegs sollen die zahllosen Auswüchse ihrer Machtausübung beschönigt werden. Dennoch muß an dieser Stelle nochmals die Frage erlaubt sein, inwieweit die ehrbaren Familien Württembergs weniger haßerfüllt auf Wilhelmine von Grävenitz reagiert hätten, wäre sie nicht eine Fremde gewesen. Eine »Maîtresse en tître« aus den eigenen Reihen, die womöglich Günstlingen aus württembergischen Familien Macht verschafft hätte, wäre wohl eher akzeptiert worden. So aber mußten die ehrbaren, alteingesessenen Familien Württembergs fassungslos zusehen, wie systematisch alle wichtigen politischen Positionen im Land mit Anhängern der Landhofmeisterin besetzt wurden.

Wilhelmines Bruder war bereits 1708 zum Geheimen Rat und Hofmarschall ernannt worden und bezog 7 000 Gulden Jahresgehalt. 1723 wurde er Premierminister und Gouverneur von Mömpelgard. Zwei Brüder konnten in württembergischen Diensten als Oberstallmeister und Generalmajor untergebracht werden. Die Männer der beiden Schwestern Wilhelmines, David Nathanael von Sittmann und Josua Albrecht von Boldewien, kamen als Geheimer Rat und Kriegsratsvizepräsident ebenfalls samt Anhang nach Württemberg.

Zu den Posten und Ländereien, welche die neuen Günstlinge in ihren Besitz brachten, kamen große und kleine Vergünstigungen aller Art. Sie waren es, welche die Bevölkerung aufbrachten.

All die greifbaren Vorteile, Dinge, die für andere unerreichbar und doch so erstrebenswert schienen, flogen den Protegés einfach zu. Da heißt es im Jahr 1712, dem Geheimen Rat Friedrich Wilhelm von Grävenitz, also dem Bruder Wilhelmines, sollen 1 000 Taler angewiesen werden, bis er mit einem eigenen Regiment bedacht werden könne. 1 000 Taler! Fürs Nichtstun!

Zwei Jahre später wird ihm »ausnahmsweise« das kleine Waidwerk, neben dem, was er zum Hausgebrauch benötigte, überlassen. Dazu kommen acht Wannen Heu und vier Wannen Öhmd pro Jahr. Wie mußte sich dafür ein Bauer plagen! Zum Obristensold bekommt er noch 600 Gulden Zulage aus der Kriegskasse, dann erhält er 100 Louisdor zur Anschaffung einer Equipage und die gnädigste Zusicherung, ihn wider allen Haß, Neid, Verfolgung zu schützen und daß einseitigen Klagen, ohne ihn darüber zu vernehmen, kein Gehör gegeben werden solle.

Die Württemberger rächen sich mit kleinen Schikanen auf ihre Weise. So klagt Wilhelmine, daß man ihr verschiedene Spezereien aus der Hofküche nur gegen Barzahlung auf impertinente und respektlose Weise aushändige und daß ihr zerrissenes Bettleinen und Tischleinen nicht ersetzt werde. Was brauchte diese »Weibsperson« auch Bettzeug und Tischwäsche, war sie doch arm und abgerissen in Stuttgart erschienen und hatte nicht einmal eine Aussteuer vorweisen können!

Der Arrangeur der Scheinehe Würben, Schütz, trat 1712 mit einer Besoldung von 4000 Gulden in den Geheimen Rat ein, wurde 1718 in den Freiherrnstand erhoben und zog seinen Schwager Johann Nathanael Schunck in den Geheimen Rat. Sein Bruder, Johann Philipp Schütz, wurde Kirchenratsdirektor. Bis zum Jahr 1716 gehörten nur drei von acht Mitgliedern des Geheimen Rats nicht zu den Familien Grävenitz und Schütz, und auch diese Troika sympathisierte zumindest gezwungenermaßen mit der »Hofmafia«.

Nicht alle in eine Position gehievten Kandidaten brachten dazu auch die nötigen Fähigkeiten mit, wie die begabten Politiker Grävenitz oder Schütz. Vom Geheimrat Pfau, zuständig für auswärtige Angelegenheiten, hieß es, er könne besser Geige spielen als Briefe schreiben. Ursprünglich war er eben auch Geiger.

Daß damit die jeweiligen Amtsvorgänger schuldlos ihre Stellen verloren und zu Gegnern der Clique Grävenitz wurden, versteht sich von selbst! Da sie meist aus alten württembergischen Familien stammten, mußte sich zwangsläufig eine nicht zu unterschätzende gegnerische Front heranbilden.

Zu den bekannten Namen im Land gehörte auch die Familie Forstner, deren Mitglieder mit hohen Posten in Verwaltung und Regierung betraut waren. 1716 wurde Forstner außer Landes verwiesen, sein Vermögen konfisziert, und, als er über den Herzog und seine Mätresse diffamierende Plakate von Paris aus heimlich in Württemberg verbreiten ließ, in Stuttgart in effigie verbrannt.

Dreiste Bereicherung

Zahlreiche Güter und Lehen, mit denen der Herzog Wilhelmine und ihre Anhängerschaft ausstattete, besiegelten deren politische Macht durch finanzielle Absicherung. Es sollen an dieser Stelle nur einige der Orte aufgezählt werden, die in den Besitz der Wilhelmine von Grävenitz samt Anhang übergingen. Sie lassen erahnen, wie die Empörung über die dreiste Bereicherung der Grävenitz-Günstlinge bald das ganze Land ergriff. Herzog Eberhard Ludwig schenkte seiner Favoritin das heimgefallene Lehen Welzheim, das Lehen Gochsheim und Brenz auf Lebenszeit. Dazu erhielt sie die Anwartschaft auf die von Frankreich konfiszierten württembergischen Besitzungen im Elsaß, wohlhabende Ortschaften mit blühendem Weinbau. Ferner kaufte er ihr die ritterschaftlichen Güter Unterboihingen und Freudental.

Daß dies für den Fall des Todes des Herzogs oder ihres eigenen Sturzes wertvolle Versicherungen waren, zeigte sich am 1727 für sie erworbenen Freudental. Hierher flüchtete sie sich mit ihren Getreuen, als der Herzog sie 1731 unerwartet verstieß. Freudental bedeutete damals eine erste Ausgangsbasis für sie, von wo aus sie ihre Existenz neu zu ordnen und sichern suchte. Das kleine Schlößchen samt Gartenanlage existiert noch heute und beherbergt ein Altenpflegeheim.

Zwar sind die Freudentaler mit Wilhelmine von Grävenitz nie so recht warm geworden – ihre eigenen Vorurteile mögen ihnen dabei ebenso im Wege gestanden haben wie die wenig leutselige Art der Grävenitz gegenüber dem einfachen Volk. So wurde sie zum Beispiel, wie die Kirchenbücher zeigen, nie als Patin angefordert, was ansonsten allgemein üblich war für die Herrin einer Ortschaft.

Die Juden Freudentals allerdings dürften ihr zugetan gewesen sein, hatte sie ihnen doch mit der Ausstellung eines Schutzbriefes und der Erlaubnis zur Niederlassung in Freudental eine wirtschaftliche Existenzmöglichkeit geboten; ebenso wie mit der Duldung einer Synagoge die Gelegenheit zur Ausübung ihrer Religion und zur Pflege ihrer kulturellen Tradition. In der Freudentaler Synagoge befindet sich heute eine christlich-jüdische Begegnungsstätte.

In einer Zeit, in der es in Württemberg keinem Juden erlaubt war, sich niederzulassen oder ein eigenes Haus zu erwerben – allenfalls vereinzelt wurde am Herzogshof ein jüdischer Hoffaktor zur Abwicklung nötiger Geldgeschäfte geduldet – da bewies Wilhelmine von Grävenitz eine ungewöhnliche Toleranz. Zwar wird ihr diese moderate Haltung gleich wieder negativ ausgelegt, indem darauf verwiesen wird, daß die Duldung der Juden handfeste wirtschaftliche

Vorteile gebracht hätte. Sicher hat sie auch daran gedacht. Vielleicht verspürte sie jedoch diesen Menschen gegenüber auch eine gewisse Zuneigung, konnte ihre Probleme ein Stück weit nachfühlen. Zeigte man doch auch ihr immer wieder, wie sehr sie als Fremde betrachtet wurde, die nicht dazugehörte zur Gesellschaft der seit Generationen eingesessenen, allseits geachteten württembergischen (Adels)Familien. Der Haß auf alles Fremde, Unverstandene traf sie insofern ähnlich wie die Juden im Land.

Daß Wilhelmine von Grävenitz ihre Güter nach modernen, aufgeklärten Grundsätzen vorbildlich verwaltete, ist ebenso eine Tatsache wie die, daß ihr Bruder, der schon 1710 in den Besitz von Marschallkenzimmern und Albeck gekommen war und 1724 mit Heimsheim belehnt wurde, ein hervorragender Premierminister für die absolutistische Regierung Eberhard Ludwigs war. Unter seiner Regie gewann Württemberg wieder eine größere Bedeutung auf der politischen Bühne Europas. Daß allein »die Grävenitz« die treibende Kraft der Politik gewesen sein soll, dafür gibt es keinen Beweis. Ihre Angehörigen und Freunde allerdings – die Familien Grävenitz und von Schütz – hatten die Macht inne, und insofern trifft der Vorwurf des Nepotismus, auch »Vetterleswirtschaft« genannt, zu. Ob allerdings die sogenannte Vetterleswirtschaft, ist sie mit fähigen und zuverlässigen Leuten ausgefüllt, der Sache immer zum Nachteil gereicht, sei dahingestellt.

Wilhelmine von Grävenitz war auch Besitzerin von Stetten im Remstal, 1712 im Tausch gegen das Gut Gomaringen erworben. Schloß Stetten empfand sie wohl als eine Art Ferienort, wohin sie sich zurückziehen konnte, wenn sie einmal der höfischen Etikette oder der allgemeinen, sie auf Schritt und Tritt verfolgenden Aufmerksamkeit entgehen wollte. Auch der Herzog besuchte sie in dieser herrlichen Weingegend gerne, gelegentlich für längere Zeit. Man erzählt sich noch heute, der Herzog habe bei einem solchen privaten, siebenwöchigen (!) Besuch mit seinem Gefolge 20 000 Liter Wein aus der Stettener Herrschaft getrunken.

An Orten wie diesem konnten die Liebenden abseits des turbulenten Hoflebens, sicher vor neidischen und mißtrauischen Blicken, immer wieder zueinander finden. Hier war es dem Herzog eher möglich, seine Leidenschaft für Wilhelmine auszuleben, und während die Grävenitz im Residenzschloß als Landhofmeisterin und First-Lady-Ersatz mit Charme, Witz und geistreichen Gesprächen die ganze Hofgesellschaft verführte, zeigte sie die klassischen Verführungskünste einer Mätresse dem einen, dem Herzog, hier in Stetten.

Der Herzog war jedoch sicher nicht allein von ihrer körperlichen Anziehungskraft und ihrem erotischen Reiz gefangen. Damit hätte sie einen Mann vom Schlag Eberhard Ludwigs nicht ein Vierteljahrhundert lang fesseln können, zumal sich in jenem barock-sinnlichen Zeitalter dem Herzog immer wieder neue, attraktive Mätressen boten. Es muß eine weit über die

Das Ludwigsburger Schloß. Oben: Entwurf von J.F. Nette, 1709/1711. Die Ansicht zeigt den Blick von der Südseite auf das Alte Corps de Logis. Aus vergleichbarer Perspektive ist das Foto darunter aufgenommen, der Blick vom Balkon des Neuen Corps des Logis läßt die bauliche Entwicklung erkennen.

äußere Attraktivität hinausgehende Stärke ihrer Persönlichkeit gewesen sein, die ihn anzog. Ihre rege Anteilnahme am Bau des Ludwigsburger Schlosses – ein gigantisches Projekt, welches die Vorstellungskraft der meisten Zeitgenossen Eberhard Ludwigs in Württemberg weit überstieg – mehr noch ihre Anteilnahme an den Regierungsgeschäften lassen darauf schließen, daß Eberhard Ludwig in ihr eine kongeniale Partnerin gefunden hatte, deren Tragik darin bestand, daß sie als solche von ihrer Umwelt, aber auch von der Nachwelt nie anerkannt wurde.

Es mag dem Herzog und seiner Mätresse wie eine Befreiung vorgekommen sein, als im Jahr 1718 der Bau des Ludwigsburger Schlosses so weit fortgeschritten war, daß der Umzug von Stuttgart in die neuerbaute Barockstadt Ludwigsburg erfolgen konnte.

Stuttgart verkörperte für beide all das, was ihnen verhaßt war: das Rückständige, die Enge, die auf ihre Rechte pochenden Landstände und die strenge Kirche, die Familien der württembergischen Ehrbarkeit, das düstere, festungsartige Alte Schloß, in das sich die enttäuschte Herzogin zurückgezogen hatte. Das neue, großzügig gestaltete Ludwigsburg in seiner barocken Dreiheit Schloß – Park – Stadt hingegen atmete den Geist des Fortschritts. Hier war die sichtbare Entsprechung des selbstbewußten, absolutistischen Staates, die Repräsentation der Macht des absolutistischen Herrschers. Hier lebten fremde Künstler, Handwerker, Kaufleute, Architekten aus Frankreich und Italien, die am Schloßbau beteiligt waren. Später kamen Musiker, Tänzer, Schauspieler dazu. Toleranz und Großzügigkeit keimten hier auf.

Daß im selben Jahr 1718 viele verzweifelte Untertanen nach Amerika auswanderten, weil sie die ungeheuren Lasten an Steuern und Abgaben nicht mehr tragen konnten, die ihnen im wirtschaftlich schwachen Württemberg abverlangt wurden, war die andere Seite der Medaille, die am Ludwigsburger Hof freilich niemanden wirklich interessierte.

Mit dem Herzog siedelten die Hofbediensteten und Beamten von Stuttgart nach Ludwigsburg um, und als das Ludwigsburger Schloß 1724 zur alleinigen Residenz und Ludwigsburg zur Hauptstadt des Herzogtums ernannt wurde, versank Stuttgart allmählich in der Bedeutungslosigkeit. Alles, was Rang und Namen hatte, alle treibenden Kräfte in Handel und Wandel zogen weg aus Stuttgart nach Ludwigsburg. Zurück in Stuttgart blieb die Herzogin mit einer kleinen, bescheidenen Hofhaltung.

Helle, lichtdurchflutete Häuser scharten sich in der neuen Barockstadt um einen großzügigen Marktplatz, Wohlhabende und Adlige erbauten ihre Palais'. Auch Premierminister Wilhelm von Grävenitz nahm seinen Wohnsitz in einem 1724 errichteten »Grafenbau« gegenüber dem Schloß zur Stadtseite hin, und Wilhelmine, die zwar Appartements im Schloß bezogen hatte, erhielt 1727 unweit davon das noch heute prächtige Grävenitz-Palais, welches später in den Besitz der Mätresse des Herzogs Carl Eugen, Franziska von Hohenheim, überging.

Daß hier auch die grundanständige Jugendschriftstellerin Tony Schumacher geboren wurde, ist eine unerwartete Wendung in der Geschichte des Hauses gewesen. Und es mag ganz im Sinne Eberhard Ludwigs, des barocken Stadtgründers und

Liebhabers aller schönen Künste sein, daß dieses Palais heute als Residenz der Ludwigsburger Schloßfestspiele/Internationale Festspiele Baden-Württemberg mit Kunst und Kultur zu neuem Leben erweckt worden ist.

Daß der Herzog nach Ludwigsburg gezogen war, um weit weg von seiner Ehefrau ungestört mit seiner Mätresse leben zu können, ist sicherlich eine verkürzte Darstellung. Zweifellos erwies sich diese Lösung als eine beiden angenehme. Doch der Herzog war viel zu sehr Politiker, als daß er sich ausschließlich von solchen Gedanken persönlicher Art hätte leiten lassen. Der Umzug aus der alten Hauptstadt, aus dem engen Talkessel in die neugegründete, von Alleen und Parkanlagen durchzogene Residenz hatte noch andere Gründe als persönliche. Als Vorbild diente Versailles, und auch andernorts im Südwesten Deutschlands entstanden zu jener Zeit Neugründungen von Schlössern und Residenzen: Rastatt, Karlsruhe, Mannheim, Bruchsal – und im fernen Nordosten Rußlands Tor zum Westen, St. Petersburg.

Den neuen höfischen Lebensstil, aber auch den Machtanspruch Württembergs im europäischen Hofkonzert, den der Herzog mit dem Ludwigsburger Barockschloß nach außen demonstrierte, präsentierte und repräsentierte Wilhelmine von Grävenitz als Landhofmeisterin bei Empfängen, Abendgesellschaften, Hofbällen und anderen Festen. Waren die braven Bürger entsetzt darüber, daß der Herzog auf Betreiben Wilhelmines 1715 das bisher streng verpönte Fastnachtstreiben trotz Widerspruchs der Geistlichkeit wieder einführte, so vermerkte der weitgereiste Baron Pöllnitz anerkennend: »Seine Durchlaucht lassen französische Comödie halten, wo jedermann frey zugelassen wird, und haben wir überdas fast beständig Ball, Verkleidung und musicalisches Conzert. Alle Tage ist große Gesellschaft bey der Maîtresse des Herzogs, und spielt man in ihrem Zimmer Piquet, Quadrille und Pharaon, so daß man hier alle Lustbarkeiten, welche an großen Höfen sonst im Schwange gehen, zu genießen hat. Die herzogliche Tafel ist prächtig und wohl zubereitet. Es besteht dieselbe ordentlich aus sechzehn Personen. Der Herzog sitzet dabey zwischen iro Königlichen Hoheit und iro Exzellenz, die Cavalliers aber nach dem Rang, welche ihre Bedienungen ihnen anweist, und die Dames folgen dem Rang ihrer Männer.«

Königliche Hoheit war die Schwiegertochter des Herzogs und Gemahlin seines einzigen Sohnes Ludwig. Henriette Marie von Brandenburg-Schwedt galt als eine feinsinnige Frau, doch das höfische Zeremoniell behagte ihr nicht sehr, so war es »iro Exzellenz«, die Mätresse, die den Ton bei Hof angab. Und der muß angenehm gewesen sein.

Im Zweifel für die Anklage

Die Gründung einer neuen Stadt, der Umzug einer Regierung, ein Schloßneubau und eine aufwendige Hofhaltung kosten Geld, sehr viel Geld. Und in der Beschaffung der nötigen finanziellen Mittel, im Auftun immer neuer Einnahmequellen erwies sich Wilhelmine von Grävenitz als ausgesprochen geschickt. Hierin und in der einseitigen Begünstigung der beiden Familien Grävenitz und Schütz dürften die Hauptgründe dafür liegen, daß sie sich überall im Land verhaßt machte. Was wiederum nur indirekt mit der Tatsache zu tun hat, daß sie eine Mätresse war – dies machte es nur leichter, sie zu verurteilen. Geldbeschaffung, Ämterkauf, Protegierung von Günstlingen hätte ebenso durch den Herzog selbst oder seine legitime Ehefrau geschehen können. Ob Wilhelmine hier skrupelloser als andere vorging, weil sie eine Mätresse war, ist fraglich. Auch legitime »Herrscherinnen« haben sich nicht gescheut, ihr Volk bis aufs Blut auszupressen, und längst nicht alle mußten wie Marie Antoinette dafür auf dem Schafott sterben.

Die Liste der Vorwürfe ist lang. Meist handelt es sich um Verunglimpfungen und allerlei dubiose Gerüchte, die weder zu beweisen noch zu widerlegen waren. Sie betreffen hauptsächlich den Bereich der Sexualität, des Irrationalen und des Aberglaubens. Die enorme Attraktivität, die Wilhelmine für den Herzog hatte, konnte man sich nur durch übernatürliche Mächte erklären, und so warf man ihr vor, sie sei im Besitz von Zaubermitteln. Ein Kammerdiener des Herzogs gab an, sie habe von ihm Haupthaare des Herzogs erbeten und diese dann verhext, um den Herzog hörig zu machen. Ähnliche Vorwürfe tauchen nach dem Fall der Grävenitz in den Gerichtsakten auf.

So gibt der ehemalige württembergische Küchenmeister Glaserer an, daß die Landhofmeisterin sich unter dem linken Arm gewisse Sachen einheilen lasse, welche verursachen sollten, daß mit ihrem Absterben zugleich auch des Herzogs Leben in Gefahr sei. Auffällig ist, daß diese Schmähungen vom Friseur, dem Küchenjungen, dem Hofkonditor, dem Küchenmeister und sonstigen Angehörigen der Dienerschaft kommen, die gegen Bares vermutlich zu jeder Aussage bereit waren. Nur einer kommt aus dem Bett, und zwar vom Herzog selbst. Doch dieser Vorwurf wird nach der Trennung von Wilhelmine, sozusagen aus dem kalt gewordenen Bett heraus, geäußert.

Die erwähnte Beschuldigung aus Kreisen der Herzogin, sie habe durch Zerstoßen eines Diamanten (!) zu Pulver und Darreichung dieses Pulvers in einem Getränk einen Mordanschlag auf Johanna Elisabeth vollführt, wäre jederzeit gut gewesen, Wilhelmine von Grävenitz hinter Schloß und Riegel, ja an den Galgen zu bringen. Schon einmal hatte ein Herrscher einer ehemaligen Mätresse einen Hexenprozeß angehängt: Kein geringerer als Herzog August der Starke führte gegen die zu jenem Zeitpunkt bereits verstorbene Sibylle von Neitschütz, die Mätresse seines Bruders, einen Hexenprozeß, hatte man sie doch schon zu Lebzeiten verdächtigt, mit außerirdischen Kräften im Bund den Landesherrn verzaubert zu haben.

Doch alle Anwürfe gegen die Landhofmeisterin können ihr nichts anhaben – bis ein Ereignis eintritt, das alles verändert. Im November 1731 stirbt Eberhard Ludwigs Sohn, der jahrelang kränkelnde Erbprinz. Da dessen Söhnchen bereits im Alter von einem Jahr verstorben war, droht das Aussterben der evangelischen Linie des Herzogshauses und somit die Erbfolge einer katholischen Linie im streng protestantischen Württemberg. Jetzt zeigt sich Eberhard Ludwig mehr als Politiker denn als Privatmann, dynastische Interessen rücken in den Vordergrund. Nach fast fünfundzwanzigjähriger eheähnlicher Beziehung gibt er seiner Mätresse den Laufpaß. Eigentlich hätten sie eine Art Silberhochzeit feiern können, doch der Herzog opfert die Beziehung der vagen Hoffnung auf einen Thronerben und dem Drängen des preußischen Königs Wilhelm I., der bereits im Sommer 1730 in Ludwigsburg persönlich interveniert und Eberhard Ludwig zur Versöhnung mit seiner Ehefrau Johanna Elisabeth drängt. Und die ist tatsächlich zu einer Versöhnung mit dem Mann bereit, der ihr ein Vierteljahrhundert lang Schmach und Demütigungen in schier unvorstellbarem Ausmaß angetan hat. Welch ein Unterschied zur Ehefrau des späteren Herzogs Carl Eugen: Die schöne Friederike ließ sich die Mätressenwirtschaft ihres Herrn Gemahl nicht gefallen. Als alle Vorhaltungen und Szenen nichts fruchteten, floh sie schließlich an den Bayreuther Hof ihrer Eltern, von wo sie nie wieder zurückkehren sollte.

1731 läßt Eberhard Ludwig über einen Vertrauten dem mit dem Kaiserhof in Wien verbundenen Bischof von Würzburg mitteilen, daß er »seit der Zeit, daß seine herzlich geliebteste Frau Gemahlin wieder bei ihm sei, absonderlich in dem Ehebett eine solche Angst und Bangigkeit verspürete, die ihm schier unerträglich und eine Ursache merklichen Abnehmens an seinem Leib und Gesundheit sei, und keinen anderen als zauberischen Ursprungs haben könne«.

Der Bischof von Würzburg wird sich die »Angst und Bangigkeit« des Herzogs im Bett seiner inzwischen einundfünfzigjährigen Gattin nach fünfundzwanzigjähriger Trennung schon richtig erklärt haben. Ein gesunder Thronerbe mußte her! Das war der Grund für die plötzliche Versöhnung des Herzogs mit seiner jahrzehntelang verschmähten Ehefrau. Das war das Ziel der Nächte, die er mit ihr nun wieder zubrachte.

Trotz aller Kirchengebete vermochte die Einundfünfzigjährige jedoch keinem Erben mehr das Leben zu schenken. Der Wirbel, der im Land um eine eingebildete Schwangerschaft Johanna Elisabeths gemacht wurde und sogar bis zur Einrichtung einer Kinderstube im Ludwigsburger Schloß für das erhoffte Neugeborene führte, hatte wahrlich groteske Züge. Man kann sich unschwer die aufgewühlten Gefühle und das Staunen Johanna Elisabeths vorstellen, wie sie vom bescheidenen Alten Schloß in Stuttgart in das prachtvolle, großzügige Ludwigsburger Schloß einzog.

Jäher Sturz

Für Wilhelmine muß ihr jäher Abschied wie ein Blitz aus heiterem Himmel gekommen sein. Nach einer letzten gemeinsamen Bäderkur ließ der Herzog seiner Landhofmeisterin die Verbannung auf ihre Güter mitteilen. Er setzte ihr eine Pension von 10 000 Gulden aus. Ihre privaten Güter und Besitzungen durfte sie behalten – zunächst. Von Auseinandersetzungen zwischen Eberhard Ludwig und Wilhelmine vor dem Bruch ist nichts bekannt.

Kein besonders mutiger Mann, der da einer Frau, die 25 Jahre lang seine engste Vertraute war, schriftlich von seinem Entschluß, sie zu verstoßen, Kenntnis gibt und danach eilig nach Berlin verreist. Bei seiner Rückkehr habe »die Landhofmeisterin weg zu sein«. So einfach ging das mit einer Mätresse.

Der Sturz war rasch und tief, das Ende der einst mächtigen Frau quälend und lang. Wilhelmine von Grävenitz wollte zunächst nicht begreifen, daß der Herzog sie verstoßen hatte, nichts mehr von ihr sehen noch hören wollte. Aber sie wäre nicht die Grävenitz gewesen, hätte sie klein beigegeben und nicht ein letztes Mal gekämpft. Sie versucht, die Gunst des ihr so vertrauten Herzogs zurückzugewinnen – doch dessen Entschluß ist unwiderruflich. Ihre Versuche, die Ungnade des Herzogs ungeschehen zu machen, sollten die gegenteilige Wirkung haben.

Wilhelmine hatte sich zunächst nach Stetten, dann nach Freudental zurückgezogen. Der unweit von Ludwigsburg gelegene Ort mochte dem Herzog zu nahe erscheinen, möglicherweise fürchtete er, sie könne noch immer ihre einstige Macht im Land nutzen, oder aber er war sich des unbändigen Hasses der Bevölkerung auf Wilhelmine bewußt, die ja als Sündenbock für alle Mißstände herhalten mußte, und er wollte ihr Leben schützen. Auf jeden Fall stellte er sie in ihrem Freudentaler Schloß unter Polizeischutz. Wilhelmine empfand diesen »Schutz« als ungeheure Demütigung.

Am 3. Juli 1731 kapituliert sie. Dem Herzog schreibt sie, sie sei nicht mehr gesinnt, zu »contravenieren«, sie wolle sich der Versöhnung zwischen ihm und seiner rechtmäßigen Gemahlin fügen und empfiehlt sich seiner Protektion. Sie wünscht wieder zu Gesundheit zu gelangen – offenbar war sie nach ihrem »Abschied« zusammengebrochen; sie wolle ihr Leben »mit aller Tranquillität in der Furcht Gottes zubringen«.

An ihren Bruder, der erstaunlicherweise ebenso wie die übrigen Günstlinge unbeschadet in Amt und Würden bleibt und, um seinen Status quo zu erhalten, sich hütet, auch nur einen Finger zugunsten seiner in Ungnade gefallenen Schwester zu rühren, schreibt sie, daß sie »so viel Chagrin ausstehen müsse«, daß ihr Leib krank und halbtot sei, und sie klagt, daß gegen die Zusicherung durch den Oberschenk von Röder ihren Leuten »das Brot und der Wein nimmer aus der Kellerstube abgegeben werden wolle, was der Herzog gewiß nicht wissen, noch weniger verlangen werde«. Sie hoffe, daß der Bruder sich ihrer annehmen werde.

Der dachte nicht daran. Einzig ihre Schwester, Frau von Boldewein, die mit ihrem Mann ebenfalls die Vorteile der Stellung der Schwester in Württemberg genossen hatte, legte bei der regierenden Herzogin von Braunschweig-Wolfenbüttel ein gutes Wort für Wilhelmine ein. Die Herzogin hatte sich früher mit Wilhelmine gut verstanden. Doch diese Eingabe kam spät, erst 1732, und sie blieb ohne Erfolg.

Auch von dem am 14. August 1731 datierten Brief läßt sich der Bruder nicht erweichen: Darin schreibt Wilhelmine, wie sehr ihr die Beschimpfungen und Verleumdungen zu Herzen gehen, welchen sie und sogar ihre verstorbene Frau Mutter ausgesetzt seien, von der es heiße, man werde sie in Stetten aus der Gruft werfen und auf dem Schinderwasen begraben.

Die Jagd auf Wilhelmine von Grävenitz begann jetzt erst richtig. Die Leute getrauten sich nun ungeniert, mit Beschuldigungen und Anklagen aufzuwarten, Wilhelmine konnte sich nicht mehr verteidigen, die Gerichtsakten aus den Jahren 1731 und 1732 sind umfangreich. Zu den bereits genannten vagen Vorwürfen betreffs Hexerei und Zauberei kamen vor allem zwei Gruppen von Anschuldigungen. Diese allerdings trafen wohl im wesentlichen zu und sind, auch wenn das eine oder andere übertrieben wurde, durch nichts zu beschönigen. Sie lauten: Nepotismus und Ämterkauf.

Der Druck auf den Herzog wurde zunehmend stärker. Fürchtete er, die Vorwürfe könnten indirekt ihm selbst schaden, wollte er das Volk besänftigen, noch größerer Empörung zuvorkommen, oder traute er seiner einstigen Geliebten noch einiges zu? – Er entschloß sich jedenfalls zu einem unverständlich harten Vorgehen: Im Herbst 1731 ließ er Wilhelmine in ihrem Schloß Freudental verhaften und über Cannstatt nach Urach bringen. Hohenurach galt als berüchtigte Festung im ganzen Land. Die Proteste der Reichsritterschaft und des Kaisers in Wien, die darin zu Recht einen gewaltsamen Territorialeingriff auf das ritterschaftliche Gut und in der durch württembergisches Militär vorgenommenen Abführung der Reichsgräfin aus Freudental einen eklatanten Verstoß gegen die Reichsordnung sahen, verhallten ungehört.

Am 14. Oktober 1731 schrieb Wilhelmine ihrem Bruder aus Cannstatt, man habe sie morgens um vier Uhr aus dem Bett von Freudental abgeholt, und sie bittet ihn um Gottes Barmherzigkeit und der Wunden Jesu willen, daß er doch mit dem Herzog sprechen und dieser sie nach Stetten bringen lassen solle, sie habe ja so gewiß, als sie ein Kind der Seligkeit zu werden hoffe, weder dem Herzog noch sonst jemand etwas getan. Einen Tag später schreibt sie bereits von Urach aus, sie wolle sich »dem Willen des Herzogs in allem submittieren, wenn sie nur aus ihrem Arrest komme«. Die Erhebung zur Gräfin von Urach war der Beginn ihrer Karriere gewesen, Urach sollte an ihrem bitteren Ende stehen.

Warum läßt man die Schutzlose nicht frei? Traut man ihr nicht? Allmählich scheint sie sich innerlich auf eine längere Inhaftierung einzustellen. Am 1. und am 9. November 1731 gehen zwei Schreiben an ihre Schwester, die Geheime Rätin Sittmann, mit der Bitte, daß sie ihre Sachen, die sie in Stuttgart und somit auf herzoglichem Hoheitsgebiet habe, nach Freudental oder Gochsheim in Sicherheit bringen solle. Nur selten gelingt es ihr, Briefe zwischen Freudental und Urach hin und her zu schicken. Ihre beiden Schwestern scheinen ihr als einzige treu zu bleiben. Bedienstete aus Freudental versuchen nach Wien zu fliehen, werden aber von herzoglichen Truppen noch auf württembergischem Boden aufgehalten und festgenommen.

Auch daß ihr Bruder »falsch an ihr handle und ihm nur darum zu tun sei, sich in den Besitz ihres Vermögens zu setzen«, erkennt sie sehr bald. Wilhelmine wurde auch nach ihrem Fall noch »benutzt«, selbst vom leiblichen Bruder. Dennoch bittet sie ihn, der noch immer in Amt und Würden ist, Monate später, im Februar 1732, daß er sie aus ihrem Arrest erlösen solle.

Verzweifelt schickt die einstige Gräfin von Urach ein Bittschreiben nach dem anderen aus der unwirtlichen Festung Hohenurach. Sie erbittet Rechtsbeistand, da ihre Behandlung rechtswidrig sei – vergebens. Bitter beklagt sie sich, daß zwei Tage zuvor an derselben Stelle ein Wilderer gesessen habe. Sie sei krank, halb ohnmächtig, Kopf und Hals geschwollen. Wenigstens auf das Schloß im Ort Urach wolle sie wieder zurück. Erst

Ende Dezember 1732 sollte der inzwischen Schwerkranken diese Bitte gewährt werden. Ihr Kampfgeist war erloschen. Ihre eigene schriftliche Verteidigung, die Zurückweisung der Vorwürfe, der Protest gegen ihre Verhaftung – sie war dort gänzlich ohne Ratgeber – atmet jedoch noch die alte Klugheit, den alten Scharfsinn. Doch immer mehr überwiegen resignierte Töne.

Sie sei nun von der ganzen Welt verlassen, heißt es in einem Schreiben vom 22. Juni 1732, in welchem sie die »neueste Prostitution« schildert, »der gewiß noch keine Person allerschlechtesten Adels ausgesetzt gewesen sei«. Die Bewachung ist so stark wie für kriminelle Schwerverbrecher, und daß der Hauptmann bei seinen Durchsuchungen auch nicht vor ihrer Intimsphäre haltmacht, empfindet sie als besonders erniedrigend. Dieses Gefühl der Ohnmacht und Verlassenheit mag sie beschlichen haben, nachdem auch ihre endgültige Kapitulation keine Änderung der mißlichen Verhältnisse gebracht hatte, die sie in einem Revers an den Herzog am 28. Mai 1732 zu Papier gebracht hat.

Die Frau, die einst den Herzog beherrscht hatte, schreibt »à son altesse benissime, Monsieur le duc regnant de Württemberg à Louisbourg«, »... ich werfe mich in Untertänigkeit eurer hochfürstlichen Durchlaucht zu Füßen und bitte um der Christi Wunden um Gnade«, sie beschreibt ihm ihr unendliches Elend und ihre große Trübsal, er möge sie »aus diesen großen Unterdrückungen und Grauen befreien«. Er möge ihre Kinder (gemeint sind ihre Bediensteten) fliehen lassen, wenigstens in den Garten der Festung hinauslassen, und sie bietet ihm für alle Domestiken eine Kaution. Sie unterschreibt mit Christina Wilhelmina Gräfin von Würben, geborene Gräfin von Grävenitz.

Es ist kaum zu glauben, daß der Herzog sich in keiner Weise erweichen läßt von einer Frau, die er so lange und so leidenschaftlich geliebt hat und für die er einmal bereit war, alles zu geben, sogar beinahe sein Herzogtum, als er ihr im Jahr 1708 in die Schweiz nachreiste. Vergeblich appelliert Wilhelmine im September 1732 an »dayn so noch überig Gabe zu lieben«. Es war, als ob der Herzog ihre Zeilen nie erhalten hätte.

Wilhelmines verzweifelte Appelle, ihre demütigen Bittgesuche stoßen auf granitenes Schweigen. Vielleicht interessierte sie den Herzog tatsächlich nicht mehr. Sein Augenmerk war längst auf eine neue Mätresse gelenkt, und da diese aus einer Familie stammte, die zu den ärgsten Feinden der Wilhelmine von Grävenitz gehörte, tat sie wahrscheinlich ein übriges, um den Herzog hartherzig gegen die »abgelegte« Mätresse zu stimmen. Eberhard Ludwigs neue Favoritin hieß Friederike Wilhelmine Gräfin von Wittgenstein, und sie wurde nach nur zweijährigem »Dienst« in seinem Testament mit 50 000 Gulden und einer jährlichen Rente von 8 000 Gulden bedacht.

Das lange Ende

Die Monate der Gefangenschaft ziehen sich hin, der zweite Herbst, ein weiterer bitterer Winter drohen. Wilhelmine glaubte, man habe sie vergessen. Sie, die ehedem so aktive Frau, ist zur Untätigkeit verurteilt, und sie muß sich nicht nur um die eigene schlechte Verpflegung und ihre mitgefangenen Bediensteten sorgen auf Hohenurach. Die einst so mustergültige

Oben: Auf der Festung Hohenurach verlebte Wilhelmine von Grävenitz die wohl schlimmsten Monate ihres Lebens.
Unten: Schloß Stetten im Remstal, der Ort glücklicherer Tage

Verwaltung ihrer Güter und Ländereien ist ihrer Leitung entzogen, der Gedanke daran bereitet ihr Qualen, auch weil man ihr jegliche Berichte darüber verweigert. Als endlich ein Schreiben ihres Bruders eintrifft, das lediglich die Anweisung enthält, sie möge sich dem herzoglichen Willen beugen, bäumt sie sich ein letztes Mal auf und protestiert. Sie habe doch schon am 11. März alle 24 Punkte einer von ihr verlangten Verzichterklärung unterschrieben, sei jedoch ungeachtet der ihr fest zugesicherten Befreiung danach sogar von Schloß Urach auf die Festung verschleppt worden.

Bei allem, was man Wilhelmine von Grävenitz anlastete, diese Behandlung ohne jeglichen rechtlichen Beistand, vor allem die Nichtgewährung eines ordentlichen Prozesses, war auch für das damalige Rechtsempfinden unrechtmäßig. Die Verzichterklärungen betrafen hauptsächlich ihre Rechte auf finanzielle Zuwendungen, ihr Anrecht auf Horburg und Reichenweiher im Elsaß. Aber sie verpflichtete sich auch, die dem Haus Württemberg gehörenden, ihr vom Herzog geschenkten Juwelen zurückzugeben, wobei sie sich gegen fiktive Anschuldigungen wehren muß: so seien Perlen der herzoglichen Mutter nie in ihrem Besitz gewesen, ebenso nicht der Trauring der Herzogin. Von Haupthaaren des Herzogs, die sie zurückgeben solle, wisse sie nichts.

Wilhelmine verzichtete letztendlich gegen Zahlung von 12 500 Gulden auf ihre württembergischen Besitzungen, lediglich Welzheim wurde ihr auf Lebenszeit zur Nutznießung zugesprochen. Mit der Rückgabe der Briefe des Herzogs, des sie begünstigenden Testaments, der Akten der Annullierung ihrer Ehe mit Eberhard Ludwig hatte sie nichts mehr in der Hand, was als Beweis für all das gelten konnte, was ihr einst vom Herzog in 25 Jahren geschenkt worden war. Da sie sich im selben Schriftstück auch verpflichtet, außer Landes zu gehen, keine Entschädigung einzuklagen und für ihre lange Inhaftierung keine Genugtuung zu fordern, ist es unerklärlich, warum man sie dennoch auf Hohenurach weiter gefangenhielt.

Sieben Monate nach der Verzichterklärung bekräftigt sie erneut in einem Schreiben, sie wolle sich dem Willen des Herzogs in allem submittieren, wenn sie nur aus dem Arrest komme. Hatte man nun tatsächlich Angst vor dieser geschwächten, einsamen Frau? Glaubte man am Ende gar wirklich an magische Zauberkräfte Wilhelmines? Oder handelte es sich einfach um einen Akt der Rache?

Erst durch Vermittlung des Kaisers und als sie schon sehr krank ist, erleichtert man ihre Situation, indem man sie am 19. Dezember 1732 auf das Untere Schloß Urach bringt. Bald darauf wird sie freigelassen. Bereits Ende September hatte sie über die Feuchtigkeit der Wände auf der Festung geklagt und mit Todesgedanken gespielt. Sie sterbe mit gutem und ruhigem Gewissen und zitiere all diejenigen vor Gottes gerechten Richtstuhl, die sie ohne alle Barmherzigkeit, weil sie des Herzogs hohe Gnade genossen habe, zu Tode quälten. Dann erbittet sie das Abendmahl, da sie ein ganzes Jahr schon in keine Kirche gekommen sei, worüber auch ihre katholischen Domestiken Tag und Nacht seufzten. Die einst strahlend Schöne, Starke muß eine gebrochene Frau gewesen sein, als sie Ende 1732 Urach verließ und über Heidelberg und Mannheim nach Berlin zog.

Am 31. Oktober 1733 starb der Mann, der ihr Schicksal mit solch extremen Pendelausschlägen vom Genuß absoluter Macht und großem Glück bis hin zur Todesqual bestimmt hatte. Erst jetzt verlor auch ihr Bruder, der Premierminister, der sie so schmählich im Stich gelassen hatte, seine Position und sein Vermögen.

Schütz war bereits 1732 verstorben, doch Wilhelm von Grävenitz blieb die Haft auf der Festung Hohentwiel nicht erspart. Die übrigen Familienmitglieder, die einst unter dem Einfluß Wilhelmines zu Ansehen und Vermögen in Württemberg gelangt waren, kamen glimpflich davon. Die Nachkommen der Familien Grävenitz und Schütz sollten weiterhin zu den führenden Beamten- und Offiziersfamilien des Landes gehören. Die Erinnerung an Wilhelmine jedoch, die Mätresse, sollte möglichst ein für allemal getilgt werden.

Um sich in den Besitz der ihr noch verbliebenen Güter Freudental, Unterboihingen und ihre Rechte auf Welzheim zu bringen, verhängte der Nachfolger Eberhard Ludwigs 1735 sogar ein fadenscheinig begründetes Todesurteil. Der König von Preußen, der einst durch seinen Einfluß auf Herzog Eberhard Ludwig den Sturz der Wilhelmine von Grävenitz eingeleitet hatte, griff noch einmal ein und bewirkte wenigstens eine Abfindung und einen Vergleich für die schutzlose Wilhelmine.

Im Berlin jenes Preußenkönigs endete das Leben der bekanntesten, am meisten berüchtigten, am wenigsten differenziert beurteilten, ja fast ausschließlich verurteilten Mätresse: Wilhelmine von Grävenitz starb am 21. Oktober 1744 im Alter von 58 Jahren.

Franziska von Hohenheim – die Mätresse, die keine war

Als die »tugendsame Mätresse« hat sie Friedrich Schiller bezeichnet, und bis heute lebt gerade sie im Gedächtnis der Württemberger als freundliche, lichte Gestalt, als wahre Landesmutter weiter. Zweifellos zählt sie in Württemberg zu den beliebtesten Frauen der Landesgeschichte. Und das, obwohl sie lange Zeit die Stellung einer Mätresse einnahm, eine Position, in der Wilhelmine von Grävenitz, als »Landesverderberin«, ja gar als »Teufel des Landes« verschrien war und ist.

Beinahe scheint es, daß die Württemberger von vornherein eher dazu bereit waren, Franziska alles zu verzeihen oder ihr doch zumindest wohlwollend gegenüberstanden, war sie doch sozusagen eine der ihren, die besser schwäbisch als französisch beherrschte.

Gewiß hat es die sympathische Franziska den Württembergern leicht gemacht, sie zu mögen. Und allein die Tatsache, daß sie den ungezügelten und genußfreudigen Herzog Carl Eugen in einen maßvollen, landesväterlichen Regenten verwandelte, sichert ihr bis heute ein dankbares Andenken in der Bevölkerung.

Als Franziska Theresia von Bernardin wurde sie am 10. Januar 1748 in Adelmannsfelden bei Ellwangen geboren. Von den 15 Kindern ihrer Eltern – sparsame, streng protestantische und alles andere als begüterte Landedelleute – überlebten fünf Mädchen, die es galt, möglichst vorteilhaft zu verheiraten. Um die noch keine 16 Jahre alte Franziska bewarb sich ein Reinhard von Leutrum, eine für ein junges Mädchen gewiß alles andere als anziehende Erscheinung, zwergenhaft klein, verwachsen und häßlich, boshaft und verbittert.

Franziska war über die Aussicht, Ehefrau dieses Mannes zu werden, nicht gerade begeistert, aber sie fügte sich dem Willen ihres Vaters. Eine Ablehnung des reichen Freiers kam bei der prekären Finanzlage der Familie nicht in Frage. Leutrum stammte aus begütertem Hause, sein Vater war Geheimrat und Oberhofmeister von Baden-Durlach; er, Reinhard, war einige Zeit Page am Bayreuther Hof, später Kammerherr am Hof in Ludwigsburg. Am 1. Juli 1765 fand die Trauung mit der eher armen Franziska statt, die eine bescheidene Mitgift von 1 500 Gulden mit in die Ehe brachte.

»Geheurath, als ich keine sechzehn Jahr alt war, gleichsam als ein Kind, bloß weilen man mir sagte: Du mußt den von Leutrum heiraten; mithin aus bloßem Gehorsam und nie aus eigner Wahl wurde ich einem Manne angetraut, der nie mein Herz befriedigen konnte.«

Abwechslung ins triste Eheleben, das sich im Leutrumschen Palais in Pforzheim abspielte, brachten kleinere Reisen, so 1769 nach Wildbad, wo Franziska das »allerhöchste Wohlgefallen« des Herzogs Carl Eugen erregte. Durch ihren natürlichen Charme, ihre unverbildete Klugheit und ihr Einfühlungsvermögen hatte sie bald mehr als die Zuneigung und Sympathie des um 21 Jahre älteren Herzogs gewonnen. Schon seine ersten Briefe sprechen von Achtung und einem tiefen Gefühl für sie. Es ist, als habe Carl Eugen von Anfang an gespürt, daß ihm hier die Richtige begegnet war. Er lernte die junge Franziska in einer Zeit kennen, in der eine gewisse Umorientierung in seinem Leben vonstatten zu gehen schien. Sein Land hatte er durch seine Verschwendungssucht und prunkvolle Hofhaltung in grenzenlose Mißwirtschaft gestürzt, mit den Landständen war er zerstritten.

»Zu jener Zeit war der Hof des Herzogs von Württemberg der glänzendste von ganz Europa«, so hatte Casanova nach seinem Aufenthalt am württembergischen Hof geschrieben, und sein Urteil war zumindest in diesem Falle nicht übertrieben. Und es wollte etwas heißen, wenn dies ein Casanova sagte, der sich an den europäischen Fürstenhöfen auskannte wie kaum ein anderer. Zudem hatte er keinen Grund, Württemberg schönzureden, denn es ist ihm schlecht ergangen in jenem 1760er Jahr. Im Stuttgarter Gasthof »Bären« war er bei seinem damaligen Besuch abgestiegen, hatte den Hof, die Oper und Schloß Ludwigsburg besucht, als er sich unglückseligerweise auf illegales Glücksspiel einließ, von Offizieren des Herzogs betrogen wurde und, um nicht zu den Soldaten gepreßt zu werden, in halsbrecherischer Flucht mit Hilfe des österreichischen Gesandten – und zweier schöner Frauen – die Stadt verlassen mußte. Es spricht für ihn, daß er die Schuld an seinem Mißgeschick sich selbst zuschrieb: »Alles Unglück, das mir in Stuttgart zustieß, entsprang nur meinem unbesonnenen Verhalten«.

Giacomo Casanova (1725–1798), Kupferstich von J. Berka. Seine mehrbändigen Lebenserinnerungen liefern ein aufschlußreiches Kulturbild des 18. Jahrhunderts.

Illustration von J. Nisle aus Casanovas Memoiren, um 1850

Carl Eugen

1728 in Brüssel geboren, am Hofe des preußischen Königs erzogen, gelangte Carl Eugen in Württemberg sechzehnjährig an die Regierung. Eine äußerst widersprüchliche, komplexe Gestalt, als Despot und Feind der Dichter in die Literaturgeschichte eingegangen, der nicht nur den Publizisten, Lyriker und Musiker Schubart in zehn Jahre dauernder Kerkerhaft auf dem Hohenasperg bei Ludwigsburg schmachten ließ, sondern auch Friedrich Schiller zur Flucht getrieben hat, lebt er dennoch als eine der populärsten Herrschergestalten Württembergs bis heute im Gedächtnis der Menschen und wurde schon zu Lebzeiten von seinen Untertanen familiär-vertraut »Carl Herzich« tituliert. Eben jener Schiller, Zögling der europaweit berühmten Bildungsstätte »Hohe Carlsschule«, urteilte am Grab des Fürsten, mit dem ihn wie viele seiner Landsleute eine Art Haßliebe verbunden hatte, einem Jugendfreund gegenüber: »Da ruht er also, der rastlos tätig gewesene Mann! Er hatte große Fehler als Regent, größere als Mensch, aber die ersteren wurden von seinen großen Eigenschaften weit überwogen, und das Andenken an die letzteren muß mit dem Toten begraben werden. Darum sage ich dir, wenn du, da er nun dort liegt, jetzt noch nachteilig von ihm sprechen hörst, traue diesem Menschen nicht, er ist kein guter, wenigstens kein edler Mensch!«

Daß sich dieser in jungen Jahren rücksichtslos-ausschweifend lebende Willkürherrscher bei seinen Untertanen eine im Grunde positive Bewertung gesichert hat, verdankt er zu einem guten Teil seiner gutherzig-frommen Mätresse Franziska.

Vor deren Zeit der Einflußnahme auf Carl Eugen ließen sich ganz andere Töne zu seiner Person und Hofhaltung vernehmen. Über Gebühr erregten nicht nur im sittenstrengen Württemberg die erotischen Abenteuer des jungen Herzogs die Gemüter, zumal die sehr lebendigen Folgen seiner strahlenden Vitalität bald in der höfischen, bald in der bürgerlichen Welt sichtbar wurden. Zugute halten muß man Carl Eugen zweifellos, daß er wie kaum ein anderer Mann für seine unehelichen Kinder – und es waren derer viele! – Sorge trug. Für die begabtesten unter ihnen bot er in seiner militärischen »Pflanzschule«, der bereits erwähnten Hohen Carlsschule, eine hervorragende Bildung und Ausbildung, die beste Berufschancen versprach. So wurde, um nur ein Beispiel zu nennen, aus einem seiner illegitimen Söhne, Reinhard Ferdinand Heinrich Fischer, ein bekannter Baumeister, der unter anderem das Stadtbild Stuttgarts im ausgehenden 18. Jahrhundert mit seiner Arbeit prägte. Auch für Mädchen gründete er als eine Art Pendant zur Hohen Carlsschule in Räumen des Stuttgarter Alten Schlosses eine »École de demoiselles«. Und wenn er sich »wie ein Vater« persönlich um die Führung der Akademisten kümmerte, so tat er dies für viele Zöglinge durchaus im wahrsten Sinne des Wortes.

Die augenfällige Unruhe und Ungeduld im Wesen des hochbegabten Herzogs hatte in manchem zu verhängnisvollen vorzeitigen Entscheidungen geführt, so zum verfrühten Regierungsantritt, vor allem aber auch zur verfrühten Eheschließung. Als noch nicht einmal vierzehnjähriger Erbprinz hatte sich Carl Eugen während eines Aufenthaltes am Markgräflichen Hof von

Bayreuth leidenschaftlich in die damals neunjährige Prinzessin Elisabeth Friederike verliebt. Daß er schon in den ersten Tagen der Begegnung an eine baldige Heirat gedacht hat, ist nicht weiter verwunderlich, war sie doch laut Voltaire das »sicherlich schönste Kind in Europa«, und selbst Casanova bezeichnete sie als »die schönste und vollkommenste Prinzessin von ganz Deutschland«. Das Drängen der Mütter der beiden allzu jungen Menschen auf eine rasche Verlobung allerdings wird nur aus machtpolitischen und dynastischen Gründen verständlich. Im Herbst 1748 wurde die Hochzeit des inzwischen immerhin Zwanzigjährigen mit der sechzehnjährigen Elisabeth Friederike wochenlang am prächtigen Hof von Bayreuth gefeiert. Sicherlich stand die heitere, kultivierte Atmosphäre der repräsentativen Bayreuther Hofhaltung beim konsequent-schnellen Ausbau des Stuttgarter Hofes durch Carl Eugen Pate, der seiner jungen Frau zu ihrer Übersiedlung nach Württemberg ein adäquates Hofleben bieten wollte. Zur Grundsteinlegung des Neuen Schlosses in Stuttgart kamen Pläne für eine stehende Opernbühne nach Bayreuther Vorbild, die bald darauf, am 18. Geburtstag von Elisabeth Friederike im Jahr 1750, eröffnet wurde.

Damit bahnte sich eine Entwicklung im kulturellen Leben der Residenzen Stuttgart und Ludwigsburg an, die im Urteil Casanovas vom württembergischen Hof als dem glänzendsten Europas gipfelte. Der damalige Vizekapellmeister von St. Peter in Rom, Niccolo Jomelli, wurde während einer Italienreise Carl Eugens mit intuitiver Sicherheit für Außergewöhnliches und Qualität als Leiter der Oper an den Württembergischen Hof verpflichtet. Das bedeutete nicht nur eine Gewährleistung dafür, daß sich die Oper zu einer der vielbeachtetsten in Europa mit den besten Sängerinnen und Sängern entwickelte, sondern mit Jomelli als ungemein produktivem Komponisten auch Neues für die Musik in einem Land, das bis dahin fast nur geistliche Musik gekannt oder allenfalls Berührungen mit der noch oratoriennahen opera seria gehabt hatte.

Das von Jomelli zusammengestellte Orchester bestand fast ausschließlich aus Virtuosen ersten Ranges. Erster Geiger und Konzertmeister war Pietro Nardini, von dessen Spiel der Musiker Schubart berichtete: »Man hat eiskalte Fürsten und Hofdamen weinen gesehen, wenn er ein Adagio spielte. Ihm selbst tropften oft unter dem Spielen Tränen auf die Geige.«

Als der Herzog den bedeutenden Choreographen Noverre an den Hof holte, der in kurzer Zeit eine der besten Balletttruppen Europas zusammenstellte, da besaß der württembergische Hof eine Oper, ein Ballett und ein Theater von Weltruf. Jeden Dienstag und Freitag fanden italienische Opernaufführungen statt. Mittwochs und samstags gab es französische Komödien, der Montag und der Donnerstag waren für Redouten im Großen Saal des Schlosses reserviert. Für das materiell arme Land ein aufwendiges Angebot!

Für einen Großteil der überwiegend in bescheidenen, wenn nicht gar armen Verhältnissen lebenden Bevölkerung bedeutete dieser Glanz ausschließlich Verschwendung, und die aufwendige Hofhaltung wie auch die Schloßneubauten – zum Stuttgarter Neuen Schloß kamen das Lust- und Jagdschloß Solitude mit eigenem Theater sowie das Seeschlößchen Monrepos, später Schloß Hohenheim – mußte vom Volk in harter Arbeit

Oben: Schloß Solitude, Schauplatz rauschender Hoffeste zur Zeit Carl Eugens, Gouache von A. F. Harper, um 1765
Unten: Seeschloß Monrepos, Ziel lustvoller Ausflugsfahrten der Hofgesellschaft und Schauplatz von Konzerten, Theater- und Opernaufführungen

mit viel Schweiß, Hunger und Entbehrung, ja sogar dem Verlust junger Männer als Soldaten im Subsidienheer des französischen Königs erkauft werden.

Das Ansehen des jungen Herzogs im Land sank nicht nur bei Dichtern wie Schiller oder Schubart. Prunkvollen Festen wie Geburtstagsfeiern Carl Eugens stand das Volk skeptisch gegenüber. Ein solches Geburtstagsfest wird vom französischen Schauspieler Uriot, der am Hofe Carl Eugens wirkte, wie folgt beschrieben: »Gegen sechs Uhr des Abends fuhr der ganze Hof in mehr als sechzig Wagen nach Ludwigsburg. Die Karossen hielten vor der mittleren Pforte der Orangerie. Etwa eine Million Lampen beleuchteten das fast tausend Fuß lange, mit blauem Tuch überspannte, wohl geheizte, mit Seen und Springbrunnen versehene Treibhaus, das vor dem Südbau des Schlosses errichtet war. Die Orangen- und Zitronenbäume machten hohe, gewölbte Gänge, unter welchen Seine Herzogliche Durchlaucht mit Ihrem Hofstaat ordentlicher Weise spazierengingen.

Dann setzte sich der Herzog mit seinen Gästen zur Tafel. Da erhob sich mitten auf der Tafel, durch einen Mechanismus emporgetragen, Venus mit sechzehn Liebesgöttern, welche den sechzehn Damen an der Tafel des Herzogs Blumensträuße überreichten, wahre Kunstwerke aus der Ludwigsburger Porzellanfabrik. Jetzt teilte sich das Mauerwerk, und ein Schauspiel wurde sichtbar. Auf der Bühne fing das Schäferspiel ›Der Sieg des Liebesgottes‹ an. Die Szene eröffnete sich mit einem galanten Ballett, in welchem der Hofballettmeister Noverre alles vereinigt hatte, was die Einbildungskraft durch Tänzer vorstellen kann.

Darauf begab sich die erlesene Gesellschaft auf den nördlichen Balkon des Schlosses, um das Feuerwerk abbrennen zu sehen, das der Generalmajor und Kommandant des Artilleriebataillons Freiherr von Leger hatte verfertigen lassen. Über die ganze Dauer der Belustigung ließ sich eine Batterie von dreißig Kanonen hören, und dreißig Mörser warfen Lustkugeln. Das Feuerwerk zeigte Feuerspringbrunnen, Pfauenschwänze, Windmühlen, vierundzwanzig Sonnen, dreizehn Arkaden, einundzwanzig Pyramiden, zwanzig Taxusbäume, einhundertzwanzig Bienenschwärme u. a. Im ganzen wurden 14 000 Raketen verwendet. Das Auffliegen eines Kastens mit 6 000 Raketen machte den Schluß. Morgens um drei Uhr rollten die Karossen wieder ab, und es herrschte nur eine Stimme darüber, daß keines der berühmten Festins unter der Regierung Ludwigs XIV. dieses gegenwärtige Fest übertroffen habe.«

Die Kosten des ganzen Festes betrugen etwa 400 000 Gulden; das Feuerwerk allein hatte mindestens 50 000 verschlungen.

Im Grunde tat Herzog Carl Eugen wie auch andere europäische Fürsten im 18. Jahrhundert damit etwas, was später die öffentliche Kunstpflege als wichtige Aufgabe des Staates zu leisten hatte. Und was zunächst wie chronische Verschwendungssucht und übermäßige Vorliebe eines jungen Herzogs für schöne Tänzerinnen, Schauspielerinnen und Sängerinnen daherkam, sollte sich in späteren Jahren zu einer systematischen Kunstförderung im Land entwickeln, zu der neben Theater-, Musik- und Kunsteinrichtungen eine große öffentliche Bibliothek mit der heute inzwischen größten Bibelsammlung Europas und eine exquisite Porzellanmanufaktur in Ludwigsburg hinzukamen.

Daß für die Ludwigsburger Manufaktur das streng gehütete Geheimnis der Herstellung des weißen Goldes von der Wiener Porzellanmanufaktur zu entlocken war, ist übrigens einer kleinen Liebelei zu verdanken. Der von Carl Eugen im Jahr 1759 zur Gründung der Manufaktur nach Ludwigsburg geholte Ringel muß ähnlich seinem Herzog eine besondere Vorliebe für das weibliche Geschlecht und ganz offensichtlich auch eine große Ausstrahlungskraft auf die Frauen besessen haben. In seiner Wiener Zeit in der dortigen Porzellanmanufaktur muß es ihm gelungen sein, die Liebe der Tochter des Manufakturdirektors zu erringen. Sie half ihm, dieses Geheimnis zu erforschen, und der Undankbare trug es bald nach Ludwigsburg. Das Direktorentöchterchen allerdings ließ er in Wien zurück.

Das große Fest, das heute bei den »Venezianischen Messen« von den Ludwigsburgern mit neuen künstlerischen Inhalten gefüllt und mit großem Elan auf dem Marktplatz gefeiert wird, hat seinen Ursprung in Carl Eugens Besuch des Karnevals von Venedig. Ebenso wie die in Ludwigsburg bald gefeierten Maskenfeste, »wo die Weine herrlich glitschen, die Tänzerinnen à merveille springen«, wo Carl Eugen wohl selbst ähnlich dem »Fiesco« Schillers zu hören war: »Diese Nacht sei eine Festnacht der Götter ... Tausend brennende Lampen spotten die Morgensonne hinweg! Hurtig Lakaien! Man soll den Ball erneuern und die großen Pokale füllen. Ich wollte nicht, daß hier jemand Langeweile hätte. Darf ich Ihre

Augen mit Feuerwerk ergötzen? Wollen Sie die Künste eines Harlekins hören? Vielleicht finden Sie bei meinen Frauenzimmern Zerstreuung!«

Frauenzimmer und Theater

Die Frauenzimmer – was zunächst scheinbar aus Liebe zu seiner jungen Ehefrau begonnen hatte, sollte sich bald als Quelle unendlicher Demütigungen und Seelennöte für die junge Herzogin erweisen. Nicht allein für das Theater und den Tanz zeigte ihr Ehemann reges Interesse. Mehr noch kümmerte er sich um die Schauspielerinnen, Tänzerinnen und Sängerinnen. Und dies ganz ungeniert. »Alle seine Tänzerinnen waren hübsch, und jede rühmte sich, wenigstens einmal seine liebessüchtige Durchlaucht beglückt zu haben«, weiß Casanova zu berichten. Noverre spornte seine Tanzschülerinnen auf wenig feine Weise an: wenn sie beim Liebesspiel genauso lahmten wie beim Tanze, seien sie schändliche Mätressen. Ob jede Künstlerin so fraglos als potentielle Mätresse gesehen werden wollte, sei dahingestellt.

Auf jeden Fall hatten viele sich schon allein deswegen um die Kunst und Kultur im Lande verdient gemacht, weil sie als attraktive Frauen den Herzog für die Künste gewinnen konnten. Daß sie dem regierenden Fürsten als Künstlerinnen außerhalb der strengen gesellschaftlichen Normen und des starren Hofzeremoniells zur Entspannung als willkommenes Ventil dienten, steht außer Zweifel. Viele von ihnen sind namentlich bekannt.

Man erzählt sich noch heute von dem eindrucksvollen Begräbnis der mit 16 Jahren verstorbenen Tänzerin Anna Maria Ricieri, die mit dem unglaublichen Aufwand von 1600 Kerzen und 600 Öllampen in der katholischen St. Barbara-Kirche von Hofen bestattet wurde. Der Herzog war höchstpersönlich bei jenem mitternächtlichen Spektakel anwesend.

Als junger Ehemann hatte sich Carl Eugen unter seinen Liebhaberinnen noch keine eindeutige Favoritin ausgewählt. Auch hübsche Bäuerinnen verschmähte er keineswegs, mit denen er auf Audienzen laut Casanova so verfuhr, daß er ihre Beschwerden unter vier Augen prüfte, »und obwohl er ihnen nichts gewährte, schieden sie doch getröst«.

Seine Ehefrau behielt also zunächst noch unangefochten den ihr zustehenden Rang als Herzogin und Landesherrin bei Hofe. Dennoch litt sie unter den ungezügelten Leidenschaften ihres Mannes. Anders als viele in einer politischen Vernunftehe verheiratete regierende Fürstinnen schien die schöne junge Frau nicht dazu bereit zu sein, die zahlreichen, unverblümt in der Öffentlichkeit gezeigten amourösen Eskapaden ihres Mannes einfach hinzunehmen oder gar vornehm zu übersehen. Wahrscheinlich hatte der für eine Bindung noch viel zu junge, erlebnishungrige Carl Eugen in seiner Ungeduld nie die Chance geboten, daß die beiden jungen Eheleute wirklich hätten zueinander finden können. Vermutlich lebten sie bald nebeneinander her, die junge Frau gekränkt und voller Eifersucht, aber auch voller Heimweh nach dem kultiviert-heiteren Hofleben in Bayreuth.

Als der Herzog im August 1756 die bis dahin in hoher Gunst stehende beliebte Primadonna seiner Oper, Marianne

Pirker, ohne Angabe von Gründen in einem beispiellosen Willkürakt samt Ehemann und einem befreundeten Frisör verhaften und auf den Hohentwiel, später auf den Hohenasperg, in Gefangenschaft bringen ließ, nahm Elisabeth Friederike diesen Vorfall zum Anlaß, von einem Besuch bei ihren Eltern in Bayreuth nicht mehr in die eheliche Gemeinschaft nach Stuttgart zurückzukehren.

Ungeduld des Herzens

Von ernsthaften Versuchen Carl Eugens, seine Frau etwa reumütig zur Rückkehr zu bewegen, ist nichts bekannt. Für seine Mätressen bot sich nun die einmalige Chance, als Favoritin und »Maîtresse en tître« bei Hofe offiziell die Position an der Seite des Herzogs zu besetzen. Die erste, 1757 anerkannte »Maîtresse en tître« war Ursula Maria Gardela, genannt Madame Agatha. Sie wurde 1728, im selben Jahr wie Carl Eugen, als Tochter des Gondoliere Antonio geboren, den Carl Eugen aus Venedig angefordert hatte, um auf den bei Schloß Solitude eigens angelegten künstlichen Seen bei Hoffesten venezianische Gondeln zum allgemeinen Hofvergnügen schwimmen zu lassen. Nach getanen Diensten als Favoritin des Herzogs heiratete Maria Gardela, vom Herzog finanziell bestens ausgestattet, einen Ballettmeister aus Venedig.

Wenig schmeichelhaft berichtet eine 1765 erschienene zeitgenössische Skandalschrift einer angeblichen »verwitibten Baroness«, hinter der sich der eifernde, zum Protestantismus übergetretene ehemalige Kapuziner Jean Henri Maubert de Gouvest verbarg, von jener Madame Agatha: »Die Bedienten des Herzogs wurden ihr zur Aufwartung gegeben, das Geschmeide der herzoglichen Familie, die Hofequipagen, alles stand zu ihrem Befehl. Die Heiducken und adlige Pagen vom Hofe mußten ihr aufwarten. Sie war jetzt die vornehmste Person sowohl bei Hofe als im ganzen Lande; alle Lustbarkeiten wurden ihretwegen angestellet. Ihre Geburts- und Namenstage wie auch die Tage, wenn im Kalender der Name ihrer Schutzpatronin stand, wurden bei Hofe und in der Residenzstadt gefeiert. Die Wache mußte vor ihr ins Gewehr gehen; die Minister und Hofbedienten mußten ihr in Gala die Aufwartung machen, und es wurden Illuminationes gemacht und Feuerwerke abgebrannt, alles auf Befehl und zu Ehren der Madame Agatha.

Wenn der Herzog übrigens Gelegenheit gegeben hätte zu glauben, daß er im Ernste in diese Frau verliebt sei, so würde der gemeine Mann, der zumal hier in Deutschland mehr als irgendwo geneigt ist, sich von der Würde eines Fürsten eine fast übertriebene Idee zu machen, sich gewiß eingebildet haben, daß ihr gnädigster Landesherr bezaubert worden sei. Um die Ehre des Herzogs zu retten, hätte man lieber dem Teufel die Schuld gegeben. Es schien aber, als ob Ihro Durchlauchten sich ein Verdienst daraus machen wollten, ihre Untertanen nicht zu hintergehen. Er hing zu gleicher Zeit noch an fünf bis sechs anderen Weibsbildern von verschiedenen Talenten, und wenn er der Madame Agatha den ersten Rang verstattete, so wollte er nur dadurch zu verstehen geben, daß er sie alle nach ihrem Wert zu schätzen wisse, und daß er bei dieser Eigenschaften angetroffen, die einen besonderen Vorzug verdienten. Von der Zeit an wurde eine gewisse Ordnung unter dieser hochlöblichen Gesellschaft beliebet, und eine jede Sultanin erhielt das Privilegium, sich in ihrer Qualität öffentlich zu zeigen. Vermöge eines neuen Hofzeremoniells wurde allen Frauenzimmern, die nicht zu der Fahne des Herzogs geschworen hatten, untersagt, blaue Schuhe zu tragen, und im Gegenteil allen denen, die er sowohl jetzo als künftig würdigen würde, ihm ihre Ehre aufopfern zu dürfen, bei der höchsten Ungnade anbefohlen, niemals ohne dieses Unterscheidungszeichen zu erscheinen. Die Häuser, welche sie bewohnten, waren über der Tür besonders und so bezeichnet, als alle herzoglichen Häuser bezeichnet sind. Vor einer jeden Tür war eine Schildwache postiert, und für die innere Sicherheit sorgte eine alte Frau, die entweder die wirkliche Mutter der Dame war oder auch nur den Namen davon angenommen hatte und ein wachsames Auge auf die Aufführung der ihr anvertrauten *Pupille* haben mußte, wofür selbige die Anwartschaft auf eine zeitlebens zu hebende jährliche Pension erhielt.«

Späteren Favoritinnen erwies sich ihre zeitweilige Position als Mätresse des Herzogs ausgesprochen karrierefördernd. Katharina Kurz, Tochter des Geigers Andreas Georg Johann Kurz, der von 1753 bis 1774 am Hof des Herzogs diente, war eine berühmte Tänzerin, die nach ihren Erfolgen am Stuttgarter Theater von 1773 bis 1790 in Venedig stürmisch gefeiert wurde. Carl Eugen hatte sie zwei Kinder zur Welt gebracht.

Die französische Schauspielerin Françoise-Rose Gourgaud aus Marseilles, die Casanova in seinen Memoiren als diejenige erwähnt, die kein »R« aussprechen konnte, hatte ebenfalls zwei Kinder vom Herzog. Seit 1767 war sie mit dem berühmten Tänzer Vestris verheiratet. Auch sie machte als verabschiedete Favoritin beruflich Karriere. Von 1768 bis 1803 wirkte sie erfolgreich am Théâtre Français. Mätresse gewesen zu sein, war dabei kein Hindernis. Im Gegenteil, es ebnete so manchen Weg und öffnete gar viele Tore, die für andere verschlossen blieben.

Das Theater- und Musikleben bei Hofe erlebte derweilen eine Hochblüte. Das Volk stöhnte unter den Steuern und Abgaben, die zur Finanzierung einer solch aufwendigen Hofhaltung nötig waren.

Favoritin auf Lebenszeit

Vom unsteten, wechselhaften Liebesleben scheint er nach einigen Jahren voll erotischer Abenteuer, prunkvoller Hoffeste und Bälle, Opern- und Theateraufführungen, von denen man in ganz Europa sprach, genug gehabt zu haben. Die Bereitschaft zu einer neuen Sinngebung im Privaten, aber auch dem herzoglichen Regiment war wie von selbst herangereift, als er der Frau seines Lebens begegnete – und dabei unfreiwillig ein letztes Mal eine »Maîtresse en tître« kürte.

Die damals zwanzigjährige Franziska hat die Zuneigung des Herzogs schnell erwidert. Es muß für sie gewesen sein, als ob sich der Himmel für sie aufgetan hätte. Ihr Leben war von Zwistigkeiten mit ihrem aufgezwungenen Eheherrn erfüllt, Leutrum hatte auch vor körperlichen Mißhandlungen seiner Frau nicht zurückgeschreckt. Immer wieder flüchtete sie an den Hof Carl Eugens. Als Leutrum sich weigerte, ihr gute Behandlung zuzusichern, wenn sie zu ihm zurückkehre, sagte sie sich im Dezember 1771 schriftlich von ihm los. In Briefen ihrer Eltern ist zwar zurückhaltend, jedoch auffällig oft von »vielen Fatalitäten« zwischen Franziska und Leutrum die Rede.

Über Franziskas Flucht an das herzogliche Schloß gehen abenteuerliche Erzählungen um. Es wird behauptet, Carl Eugen habe sie am Neujahrstag 1772 aus dem Leutrumschen Gut Heidach bei Pforzheim von zweien seiner Offiziere entführen lassen, um einen triftigen Scheidungsgrund zu schaffen. Etwas Wahres ist wohl daran, denn der in diesem Zusammenhang genannte Offizier hat zu diesem Zeitpunkt tatsächlich eine Reise von Heidach auf die Solitude abgerechnet.

Die Ehe wurde am 2. Januar 1772 in Karlsruhe geschieden: in »beiderseitigem Consens«. Leutrum legte Wert darauf, nicht als der schuldige Teil zu gelten und gab bereitwillig Ehering, Kleider und Mitgift an Franziska zurück. Zu ihrem Geburtstag am 10. Januar 1772 bekam Franziska von ihrem Herzog bereits den Hohenheimer Garbenhof als Geschenk. Dessen Vorbesitzerin, die Sängerin Bonafini, war inzwischen verabschiedet und mit dem Rittmeister von Pöltzig verheiratet worden.

Carl Eugen versicherte seiner »Franzel«, wie er sie zärtlich nannte, schriftlich, daß er sie, sobald seine Ehefrau in Bayreuth gestorben sei, zu seiner rechtmäßigen Gattin machen werde. Ein etwas merkwürdiges Ansinnen, war doch Elisabeth Friederike vier Jahre jünger als er selbst und zum Zeitpunkt dieses

Versprechens gerade vierzig Jahre alt. Die Rechnung sollte jedoch aufgehen. Elisabeth Friederike starb 1780 im Alter von 48 Jahren.

Franziska hingegen wurde bald die ständige Begleiterin des Herzogs, nahm faktisch die Stellung der Herzogin bei Hofe ein, war also »Maîtresse en titre«. Sie begleitete Carl Eugen zu Gala-Dinners und Hofjagden, nahm mit ihm Truppenparaden ab, wurde von den Zöglingen der Hohen Carlsschule und ihrem Pendant, der »École de demoiselles«, als erste Dame im Land geehrt. Auch ihr Geburts- und Namenstag wurde offiziell gefeiert. »Sie zeigte sich dankbar für die Ehre, die sie empfing, ohne deshalb erstaunt zu sein«, umschrieb ein Zeitgenosse Franziskas Selbstverständnis.

Franziska war keine besondere Schönheit. Sie nahm ihre Mitmenschen vielmehr in der persönlichen Unterhaltung für sich ein, in der ihr Charme, ihre soziale Klugheit und ihr Einfühlungsvermögen zur Geltung kommen konnten. »Sie hatte in ihrem Blütenalter schöne, dunkelbraune Haare, aber schon im 45. Jahre graue und nach dem Tod des Herzogs schneeweiße Haare. Ihre Anmut lag in Wesen und Betragen.«

Franziska hatte rasch erkannt, daß Carl Eugens unsteter Geist immer durch ein ehrgeiziges Projekt beschäftigt werden mußte. Waren es früher glänzende Hoffeste und spektakuläre Theater- und Konzertaufführungen oder aber zahlreiche Schloßneubauten, so bestärkte sie ihn nun in seinen mehr landesväterlich-sorgenden Aktionen, wie zum Beispiel den regen pädagogischen Bestrebungen an der Hohen Carlsschule oder der Stiftung einer großen öffentlichen Bibliothek, der heutigen

Landesbibliothek, und sie machte den Herzog zu einem richtigen Gutsherrn.

1775 unternahmen beide eine Bildungsreise in die Schweiz, auf der sie Lavater in Zürich besuchten und die dortigen Waisenhäuser besichtigten. Der Herzog war glücklich mit Franziska. Von seiner zärtlichen Liebe zu ihr zeugen zahlreiche Briefe und kleine Billetts, in Momenten der Trennung über den Tag schnell hingeworfen: »Liebstes Engele« oder »Engele aller Engele« adressiert er sie darin. Zum Namenstag 1775 schreibt er: »... daß doch Deiner Tage viel, recht viele werden, daß doch die Vorsehung Dich an meiner Seite zu lauter glücklichen Aussichten gesellet, und daß mir doch die Gelegenheiten viel werden mögen, Dich zu überzeugen, daß die Liebe, die Zärtlichkeit, aber auch die Hochachtung Deines anderen Ich mit dem Band der festesten Dauer geknüpft und nur der Tod allein der Zerstörer sein kann. Diese Zeilen weiht Dir heute, an dem Tag Franziskens, Dein C.H.v.W.«

Carl Eugens Sinneswandel unter Franziskas Einfluß fand in einer Bußerklärung aus Anlaß seines 50. Geburtstag 1778 Ausdruck. Von den Kanzeln herab ließ er verlesen, er werde von nun an seinem Volk ein treuer und wohlmeinender Landesvater sein.

Was wunder, wenn das Volk Franziska zugeneigt war und selbst bei der Geistlichkeit von Verurteilungen, wie sie im Falle der angeblichen Landesverderberin Grävenitz an der Tagesordnung waren, nun keine Rede mehr war. Allenfalls der respektlose Dichter, Publizist und Musiker Schubart nannte Franziska despektierlich »Donna Schmergalina«, und bei aller Güte scheint Franziska in seinem Falle nachtragend gewesen zu sein. Zwar mag sie vielleicht am Ende der langen Haftzeit Schubarts den Herzog in seinem Entschluß bestärkt haben, den Dichter zu entlassen, doch während der furchtbaren zehn Jahre Kerkerhaft hat sie ihren zweifellos großen Einfluß auf den Herzog nicht dazu benutzt, diesem Mann zur Freiheit zu verhelfen. Wohl stand ihr dabei ihre gutgläubige Frömmigkeit im Wege, hier großherzig und mutig zugunsten Schubarts zu handeln. Wahrscheinlich glaubte sie in ihrem gutgemeinten Eifer tatsächlich daran, Schubart durch Haftbeugung zum Guten erziehen zu können.

Die tugendsame Mätresse

Franziskas unverstellt braves Wesen und manchmal fast naiv anmutendes aufrechtes Gemüt läßt allerdings auch die Frage aufkommen, ob sie das verkörperte, was man von einer Mätresse erwarten durfte. Besaß sie tatsächlich die erotische Ausstrahlungskraft, beherrschte sie die Verführungskünste, die für eine Mätresse sozusagen zum »Einmaleins« gehörten? Oder war die »Maîtresse en titre« Franziska von Hohenheim nicht vielmehr eine durch äußere Umstände verhinderte Ehefrau, die ganz aus Versehen in die Position einer Mätresse gerutscht war?

Vergleicht man sie mit ihren »Kolleginnen« an den europäischen Fürstenhöfen in früheren wie späteren Zeiten, so ist sie in der Tat aus anderem Holz geschnitzt, entspricht sie kaum dem gängigen Bild der raffinierten Mätresse; eher dem einer

Frau voller religiöser und moralischer Skrupel, deren Liebe zu ihrem Herzog stärker war als ihr zweifellos tief im Herzen existierender Widerwille gegen das Mätressen-Dasein.

Die »tugendsame Mätresse« nannte Friedrich Schiller sie nicht zu Unrecht, und seine Rede zu ihrem Geburtstag im Jahr 1780 trägt bezeichnenderweise den Titel »Die Tugend und ihre Folgen«. Für die zu menschlicher Rührung fähige Lady Milford in Schillers »Kabale und Liebe« stand Franziska Pate. Sie war keine Freundin des Schauspiels, und eine der Folgen dieser »Tugend« war ein gewisser Niedergang des Theaters. Friedrich der Große, der Spötter von Sanssouci, nannte Franziska von Hohenheim »Fräulein von Hosenheim«, und ähnlichen Spott mußte sie gar manches Mal ertragen.

1775 hatte Carl Eugen ihr ein Haus in Stuttgart am Großen Graben, der heutigen Königsstraße, gegenüber der Hauptwache, geschenkt, dessen Einrichtung laut einer Hofdame »ein Wunder von Geschmack und Luxus« darstellte. Dennoch hielt Franziska sich lieber in Hohenheim auf. Im »Dörfle« von Schloß Hohenheim, den Gartenanlagen, einem skurrilen Gebilde mit antikisierenden kleinen Bauwerken, künstlichen Ruinen, Wasserfällen, einem Schweizer Haus und einer Köhlerhütte, in der bald auch die berühmte mechanische Weltuhr von Pfarrer Hahn untergebracht wurde, in diesem ländlichen Idyll arbeitete Franziska wie auf dem elterlichen Landgut, und der Herzog half ihr dabei begeistert.

»... auch säde ich im Dörfle salad und der herzog rechgden ihn hinein.« Seine »Durchleicht« hätten »Erbsen und Bohnen gestegkd«, so steht es in ihrem berühmten Tagebuch, das sie auf Anregung Carl Eugens gewissenhaft führte. Treuherzig schreibt sie in breitestem Schwäbisch, wie sie wohl auch sprach, in abenteuerlicher Orthographie, voller Fehler, aber auch voller »himmlischer Heiterkeit«, wie Schiller einmal ihr Wesen bezeichnete, als er die Ruhe der Seele dieser Frau rühmte.

Diese Züge, ihr gütiges Wesen, ihre Herzensbildung, die so viel größer war als ihre Bildung, die sie in den kurzen Jahren ihrer Kindheit vom Dorfschullehrer in Adelmannsfelden erhalten hatte, banden wohl auch den Herzog so eng an sie. Ernsthaft, aber heiter, war sie eine außerordentlich fromme, religiöse Frau, die dem Pietismus und der Herrnhuter Brüdergemeinde sehr nahestand. Dies war dem Herzog weniger recht. Er empfahl ihr einmal, sich »der falschen Neigung zu dem sogenannten Pietismo zu enthalten«. Er habe deswegen in seinem Herzen »viel for dich gelitten«. In der Köhlerhütte von Hohenheim hat sie mit dem pietistischen Pfarrer Hahn auch lieber pietistische Andachtsstündle abgehalten als Astronomie und Physik studiert. Als Hahn ihr empfahl, sich ein astronomisches Teleskop zu kaufen, lehnte sie in kindlicher Frömmigkeit ab, um nicht in Zweifel zu fallen, wenn sie zuviel von der Himmelskunde erführe.

Nie hat der Herzog versucht, sie zu seinem katholischen Glauben zu bekehren, was für seine Toleranz in dieser Hinsicht spricht. Schon 1780 hatte er für sie in Birkach eine evangelische Kirche bauen lassen, die sie häufig besuchte, während er in der katholischen Kirche weilte. Es wird erzählt, er habe sie manchmal in Birkach abgeholt und ungeduldig an die Kirchentür gepocht, wenn ihm die Predigt zu lange dauerte. Daß diese verständnisvolle Teilung 21 Jahre durchgehalten wurde, ist auch ein Zeichen der Achtung und Liebe zwischen beiden.

Franziskas Tagebuch

Franziska war glücklich mit diesem Mann. Ihr Tagebuch ist eine einzige Liebeserklärung an Carl Eugen. Es dreht sich fast ausschließlich um ihn, sein Befinden, sein Tun. Spräche nicht so viel Heiterkeit und Herzenswärme aus den Texten, käme man beim Lesen über ein gewisses Amüsiertsein nicht hinaus. Wir erfahren daraus den Alltag des Herzogs, dürfen aber auch immer wieder schmunzeln über die drollige Rechtschreibung Franziskas, wenn sie aufs freieste zum Beispiel mit Ortsnamen umspringt: Aus der Solitude wird »Solidide«, Paris heißt gutschwäbisch »Baris«, am »hämmelfartstag wird im Dörfle friegestigdt« und »ich machde meine neijars aus Gaben in richtig keid«. Man vergleiche das perfekte, geschliffene Französisch der Grävenitz!

Aus »follem« Herzen erzählt sie von »Schieller« und seinen »Fersen«, wie etwa im Eintrag zu ihrem Geburtstag am 10. Januar 1780: »Heide als an meinem gliecklich Erlebdem Geburtztag, wo for ich Gott mer Dank schuldig bin, als ich Ihm auf dieser Weld Brengen kan, Erwachte ich etwas Belder, als man wekde, überdachde die Gnate Gottes u. Empfahl mich wieder aufs neihe in Seinen almechtigen Schutz; dan wurde

Elisabeth Sophie Friederike von Brandenburg-Bayreuth (1732–1780), Herzogin von Württemberg, Gemälde von P. Krafft d.Ä.

Herzog Carl Eugen von Württemberg (1728–1793), Gemälde von J.C. Schlotterbeck, 1782

Herzogin Franziska von Württemberg, Reichsgräfin von Hohenheim (1748–1811), Gemälde um 1790, vermutlich von I. F. Weckerlin

gewekd, ich lag auf ein mahl in einem andern Ausgetzierden Bet, das Frie stück wahr auch in andern Gefessen gebracht, da wahr es 4. uhr. Ihro Durchleicht stonden Bald auf, ich las noch wie geweniglich u. um die 7. uhr solde ich auch aufstehen; ich stond mit zidernden Fiesen u. mit Angst auf den heidigen Tag auf. Wie ich in mein Zemer Kam, wahren alle Kesten henaus u. es stond eine Manifiege Toalette u. an der seite die Wahrheidt vorstellend, die mir einen Brief über gab von Ihro Durchleicht, der mich Inigst freide. Es geng dan die andere Dier von meinen Zemern auf, wo alles schemmerte, u. ein gantzes Süberbes Sielbernes Servies under einem Tempel aufgesteldt stond. 15 Von die Junge leide in der academie haben die Girrlanden, die angemachtwahren, gehalden, wordurch ich gehen muste; eine ser schene uhr Von Pfarrer Hann (d.i. Philipp Matthäus Hahn) gemacht, wahr auch in's Zemer gesteldt; ich war gantz beteibt von aller der Gnadt Ihro Durchleicht u. konde Ihnen kein word von den rierungen meines Hertzens sagen.

Ich zog mich an, um 9. uhr wahr der gantze Hof versameld, ich erstaunde über die menge u. über den staat, mein Hertz Klopfde sterger, ich sahe im schloß hof wahren 29 Wegen rachirt, mit der schensten Equipach u. Pferde; es wurde dan eingesesen, nach deme von der academie u. Ecol angeredet wurde u. mir von Ihnen Ferse übergeben wurden; ich wußte nicht wo es hengeng, Bies man der Kirch nahe kam, so ich mir dan von dem, was vorgeng, etwas einbildede. Ich war gantz geriert über diesen umstand, über Ihro Durchleicht Ihren Edelmut, über Ihre denkungsart; ich konde Kein word mer sagen. Keinen rirenderen, Keinen scheneren Anblieg kan man sich niecht denken, als, da 15 Pahr Arme, die von der Gnadt Ihro Durchleicht gekleidet, ausgesteirdt u. noch Gelt mitgegeben da standen, sich copulieren zu lassen; neben ihnen 4 Pahr, die ihren 50zig jerigen Hochzeidt Tag feirden u. auch von Ihro Durchleicht gekleidt u. Beschenkdt, u. Sie, Ihro Durchleicht neben ihnen mit dem gantzen Hofe die gantze Copulacion aus haltendt. Es soll Ihnen im Buche des Lebens angeschrieben werden, wahr die gantze Handlung über mein Wonsch zu Got; sprechen konte ich niechts.

Wie dieses zu End wahr, so fuhr man in die academie, wo zuerst frie gestiegdt wurde und dan mit einer allerliebsten Fete surpreniert wurde, wo Ihro Durchleicht auch wieder 200 arme leide gespeiset wurden u. ganz gekleidet von Fuß auf von der Gnadt Ihro Durchleicht wahren. Die 15 neihe Ehe pars u. die 4 Par Alte wurden auch alda gespeist. Es wahr ein Anblieg, welcher alle Hertzen durchdrengen mußte u. das fühlloseste konte niecht gleichgieldig dabey sein u. muste den Wohldäter darvor segnen; alle die Arme wahren so durchdrongen, daß sie nicht Worde genug finden konten, ihren Dank auszudrüken. Ihro Durchleicht u. der gantze Hof blieb einig Zeidt darbey u. dan geng es zu dem Essen von der academie, wo zu vor noch von dem Elev. Schiller (d.i. Friedrich Schiller) eine Rede im Examinacions Sahl gehalden wurde beim rachiren u. beim Essen von der academie wahren aller Orden auch noch Sachen vor mich angebracht. Wie dieses vorbey wahr, geng man durch den cabinets gang von Ihro Durchleicht in das Schloß zur Tafel, welche in 74 Couvers bestand. Nach der Tafel retirierde sich Alles u. es geng in die Opera Didone, wo auf die letzt noch was besonders vor mich gemacht wahr, nach diesem zur Tafel, die 90 Couvers wahr; nach der Tafel wahr noch redute, wovon es dan her nach Bald zu Bet geng.

Der Gantze Tag geng also von einer Gnad zu der andern von Ihro Durchleicht vorüber u. ich wahr fiel zu foll, um Ihnen nur den vierten Teil von meiner Empfendong zu sagen, wahr auch noch durch den schnupen so geplagdt, daß ich fast nicht schnaufen konnte, und damit trette ich non mein 33.tes Jahr an. Gott verleihe, daß ich darinnen umkehre u. mich gantz bessere u. er leite mich nach seinem rat u. wohlgefallen auf dem weg des glaubens u. der Tugend.«

Viele Seiten ihres Tagebuches sind mit derartigen Bitten um persönliche Läuterung und Gnade vor Gott gefüllt.

Ihre bescheidene Lebensführung und persönliche Zurückhaltung zeigte sich auch auf politischem Gebiet. Sie vermied jede Einmischung in Carl Eugens Regierungsgeschäfte, hatte wohl auch kein besonderes Interesse für Politik. Ihr genügte das Private. Wie anders die weltgewandte, politisch wache Grävenitz!

Franziska verstand es auch, allen Bitten um Einflußnahme auf den Herzog auszuweichen. Im Gegensatz zur Grävenitz hat sie niemals ihre Verwandten begünstigt. Nur ihre jüngste Schwester konnte auf die »École de demoiselles« gehen. Keine Verwandten wohnten am Hof, sie kamen nur ab und zu einmal auf einen kurzen Besuch, so etwa ihre Mutter oder die Schwestern mit Nichten und Neffen an Franziskas Geburtstagen, worüber Carl Eugen anscheinend nicht gerade begeistert war, was er aber gnädig duldete.

Manche Höflinge sahen diese Genügsamkeit Franziskas weniger gern. Sie hatten sich wohl in ihr ein williges Instrument für ihren eigenen politischen Ehrgeiz versprochen, wie dies bei anderen Mätressen, wenn man sie entsprechend belohnte, ja durchaus möglich und auch üblich war. Von gewissen Kreisen wurden auch immer wieder Intrigen gegen die charaktervolle Frau angezettelt, die ihr nicht wenig zu schaffen machten. An den Verleumdungen und Beschimpfungen beteiligte sich übrigens auch Schubart: »Heuchlerische Frömmlerin« nannte er sie.

Die schwerste Belastung stellte für sie, die fromme Frau, zweifellos die Tatsache der Illegitimität ihrer Verbindung mit Carl Eugen dar. Carls jüngster Bruder, Friedrich Eugen in Mömpelgard, hatte nichts gegen die Liaison einzuwenden, erlangte doch im Fall der nicht standesgemäßen Heirat Carls und Franziskas sein ältester Sohn Friedrich Anspruch auf den württembergischen Thron. Er sollte einmal Württembergs erster König werden. Da Franziska nur aus niedrigem Adel stammte, wären ihre Nachkommen, die sie allerdings nie haben sollte, in keinem Fall erbberechtigt gewesen.

Carl Eugens streng katholisch-kirchlich eingestellter Bruder Ludwig hingegen lehnte eine neuerliche Ehe des regierenden Herzogs mit seiner Mätresse strikt ab. Diese streng katholisch-fromme Einstellung hinderte ihn allerdings nicht daran, sich eine Mätresse neben seiner Ehefrau zu halten. Von dieser Anna Maria Veronese erfahren wir bei Casanova.

Spätes Eheglück

Die evangelische Geistlichkeit hatte keine Bedenken gegen eine Wiederverheiratung der geschiedenen Protestantin. Allerdings blieb Franziska vom Abendmahl ausgeschlossen, was sie sehr schwernahm. Noch war der Katholik Carl Eugen ja verheiratet. Doch Herzogin Friederike von Bayreuth verstarb am 6. April 1780. Nach katholischem Eherecht war aber auch die Verheiratung mit einer geschiedenen Protestantin, deren Mann noch lebte, unmöglich. Langwierige, schwierige Verhandlungen begannen.

Erst 1785, einen Tag nach Franziskas 37. Geburtstag, konnte es zur Trauung in der Kapelle des Stuttgarter Neuen Schlosses kommen. Noch war es eine Trauung »zur linken Hand«, denn erst später konnte ein Formfehler bei Franziskas erster Trauung mit Leutrum nachgewiesen werden. Damit war die Voraussetzung erfüllt, um die Ehe für ungültig zu erklären. Nun endlich, 1791, konnte die gemischte Ehe des Herzogs mit Franziska, seinem »Engele«, anerkannt und gebilligt werden.

Franziskas »Emberong« (Empörung), ihr »Kommer« und der »Domold« ihres Herzens hatten nun ein Ende. Das Glück der beiden wurde nur durch die zunehmenden körperlichen Gebrechen des alternden Herzogs getrübt. Er litt unter äußerst schmerzhaften Gichtanfällen. Die Dankbarkeit für die gegenseitige Liebe überwog jedoch: »Allerliebste Freundin!«, so schrieb er an Franziska, »Wenn schon der Körper leidet, die Denkungskräfte geschwächt sind, so wallet doch das Herz, theuerste Frau …«

Zwei Jahre lang sollten die beiden noch in allseits wohlwollend betrachteter Ehe gemeinsam verbringen können, bis Carl Eugen im Oktober 1793 im Alter von 65 Jahren nach schwerem Todeskampf in den Armen der so geliebten einstigen Mätresse und nunmehrigen Ehefrau starb.

Es ist ihr danach, ganz zu schweigen vom Schmerz über den Verlust des geliebten Mannes, nicht gut ergangen. Die Nachfolger Carl Eugens vertrieben sie vom vertrauten Hohenheim, enthielten ihr das Testament Carl Eugens vor, beraubten sie ihres Schmucks und anderer Geschenke des Herzogs, ein Großteil des Vermögens wurde ihr ebenfalls vorenthalten. Doch das scheint ihr nicht so wichtig gewesen zu sein. Sie hatte ihre Verbindung zu Carl Eugen ohnehin nie zu ihrer eigenen materiellen Bereicherung genutzt. Charakteristisch, daß sie von allem ihr Zustehenden nur um ein bestimmtes Porträt Carl Eugens bat.

Auch ihre Freunde fielen in Ungnade, und der neue Herzog Friedrich II., der spätere erste König von Württemberg, demütigte sie, wo er nur konnte. Auch ihre Briefe wurden geöffnet. Als sie sich einmal in sehr gemäßigter Form bei einer Freundin über Friedrichs Verhalten beklagte und dies über eine Indiskretion Friedrich zu Ohren kam, schickte er ihr einen »Kavalier« mit der Drohung, er habe die Macht, sie ohne weiteres auf den Hohenasperg in Festungshaft zu schicken. Mit gutem Grund meinte ein Freund, die Gallensteine, die Franziska so gepeinigt hatten, seien sicherlich »königlichen Ursprungs« gewesen.

Auf ihrem Witwensitz in Kirchheim/Teck lebte sie zurückgezogen, als Wohltäterin von der Bevölkerung geliebt und ver-

Schloß Kirchheim, Aquarell von F. Peter, 1851. Auf diesem Witwensitz der Herzoginnen von Württemberg verbrachte Franziska nach dem Tod von Carl Eugen ihre letzten Lebensjahre, wohltätig und geachtet von der örtlichen Bevölkerung.

ehrt, den von ihr zeitlebens so sehr geliebten Kindern des Ortes zugewandt, bis sie, von einem unheilbaren Unterleibsleiden gequält, starb. Geduldig und bis zuletzt bei klarem Bewußtsein schlief sie am Morgen des 1. Januar 1811 ein, am »fatalen Neujahrstag«, den sie, wie sie ihrem persönlichen Arzt von Hoven, einem Freund Schillers, anvertraut hatte, so sehr fürchtete. 63 Jahre alt ist sie geworden.

Sie wurde nicht, wie es ihr sehnlichster Wunsch gewesen war und wie es ihr als rechtmäßiger Herzogin zugestanden hätte, an der Seite ihres geliebten Mannes in der Ludwigsburger Gruft beigesetzt, sondern unter dem Chor der Stadtkirche von Kirchheim. Die rechtmäßige Ehefrau Carl Eugens wurde nach ihrem Tod (wieder) wie eine Mätresse behandelt.

Im Gedenken des Landes lebt sie allerdings weiter, nicht als eine der zahllosen Mätressen eines Fürsten, wie sie im Rokoko-Zeitalter zum »Image« hoher Herren gehörten. In ihrer Menschlichkeit war sie viel mehr: eine Persönlichkeit, die nicht durch hohe Bildung oder besondere Fähigkeiten herausragte, sondern durch ihr Wesen, ihre anmutige Bescheidenheit, naive Frömmigkeit und natürliche Intelligenz, vor allem wohl durch ihre Lauterkeit – ein Charakterzug, der gar nicht zu einer Mätresse zu passen scheint –, eine Lauterkeit, mit der sie aus dem früh verwöhnten, verdorbenen, rücksichtslos-genußsüchtigen Despoten einen besorgten Landesvater und Pädagogen machte.

Die Inschrift auf einer Büste, die ihr Neffe nach ihrem Tod anfertigen ließ, lautet: »Ihr Herz schlug warm für Gott und Menschen. Durch Frömmigkeit und Wohltätigkeit zeichnete sie sich aus.«

Literaturhinweise

- Suzanne Burkhard, Memoires de la Baronne d'Oberkirch, Paris 1970.
- Alev Lytle Croutier, Harem. Die Welt hinter dem Schleier, München 1989.
- Walter Fellmann, Mätressen, Leipzig 1994.
- Roswitha Gost, Der Harem, 2. Aufl. Köln 1994.
- Verena von der Heyden-Reyrisch, Europäische Salons. Höhepunkte einer versunkenen weiblichen Kultur, München 1992.
- Jacques Levron, Madame de Pompadour. L'amour et la politique, Paris 1975.
- Fatema Mernissi, Die Sultanin. Die Macht der Frauen in der Welt des Islam, Frankfurt 1991.
- Gerhard Raff, Hie gut Wirtemberg allewege, 2 Bde., Stuttgart 1988 und 1993.
- Gerhard Storz, »Herzog Carl Eugen«, in: 900 Jahre Haus Württemberg, hrsg. von Robert Uhland, Stuttgart 1984.
- Klaus Thiele-Dohrmann, Pikant wie ein Engel. Hetären, Kurtisanen, Mätressen, Hamburg 1995.
- Bernd Wunder, »Herzog Eberhard Ludwig«, in: 900 Jahre Haus Württemberg, hrsg. von Robert Uhland, Stuttgart 1984.

Bildnachweis

Landesbildstelle Württemberg, Stuttgart – 43 (2 x), 52 (oben links), 58 (2 x), 95, 102 (2 x), 121 (oben), 136 (2 x), 148 (oben), 165 (oben links und rechts)

AKG, Berlin – Titelbild, 43 (rechts und unten), 65, 66 (2 x), 77, 86 (unten), 143 (2 x)

Erhard Hehl, Tiefenbronn – 86 (oben), 113 (unten), 121 (unten), 148 (unten)

Schloßverwaltung Ludwigsburg – 106

Schwedisches Nationalmuseum, Stockholm – 165 (unten)

Stadtarchiv Kirchheim – 172

Archiv der Autorin – 25, 113 (oben)

Von Susanne Dieterich ist im DRW-Verlag erschienen:

Württemberg und Rußland

Geschichte einer Beziehung

Vielgestaltig waren und sind die Verbindungen zwischen Württemberg und Rußland, spannend die Geschichten, die sich dahinter verbergen. Ob fürstliche Heiratspolitik, Tübinger Gelehrtenexport oder Daimlers Rußlandreise: Susanne Dieterich stellt dem Leser ein überraschend buntes Kaleidoskop württembergisch-russischer Beziehungen vor, das angesichts gegenwärtiger Entwicklungen und Umwälzungen im Osten neue Aktualität gewinnt.

216 Seiten mit 58 historischen Abbildungen, zum Teil in Farbe, 15 x 21,5 cm, mit gutem Einband. ISBN 3-87181-243-9

DRW-Bücher – eine Auswahl

Sperrige Landsleute. Wilhelm I. und der Weg zum modernen Württemberg. Von Karl Moersch. 272 Seiten mit 50 historischen Abbildungen.

Auf Spurensuche. Der Bauernkrieg in Südwestdeutschland. Von Klaus Herrmann. 220 Seiten mit 77 Fotos und historischen Abbildungen. Die spannende Spurensuche nach Zeugnissen des Bauernaufstands in Südwestdeutschland. Dem Leser eröffnet sich ein denkwürdiges Kapitel Landesgeschichte.

Ein Mann namens Ulrich. Württembergs verehrter und gehaßter Herzog in seiner Zeit. Von Werner Frasch. 288 Seiten mit 60 Abbildungen. Eine mit gründlicher Sachkenntnis und Liebe zum Detail geschriebene Biographie.

Württemberger Wein. Landschaft, Geschichte, Kultur. Von Carlheinz Gräter. 324 Seiten mit 100 Abbildungen. Eine einzigartige Gesamtdarstellung von Weinbau und Weinkultur in Württemberg: Über rund zwei Jahrtausende verfolgt der Autor die Wirkungsgeschichte des »Württembergers« im Hauptteil des Werkes.

Der gelernte König. Wilhelm II. von Württemberg – ein Porträt in Geschichten. Von Anni Willmann. 160 Seiten, zeitgenössisch illustriert.

Wie die Schwaben Schwaben wurden. Wer und wie und was sie sind. Von Heinz Rainer Reinhardt. 192 Seiten mit 54 Abbildungen.

Stuttgart im Jahr Null. Tagebuchnotizen aus der Stuttgarter Zeitung. Von Martin Hohnecker. 200 Seiten mit 54 Abbildungen.

Untergang und Neubeginn. Menschen und Schicksale. Von Hans-Frieder Willmann. 62 Geschichten aus den Jahren 1933–50, persönlich erlebt oder als Zeitzeuge notiert, auf 248 Seiten.